ライフサポートクリニック院長・精神科医
山下 悠毅

いい子をやめれば幸せになれる

新版

弘文堂

いい子をやめれば幸せになれる〈新版〉

目次

はじめに
あなたの信念について　9
あなたの行動を決定する「信念」　13
信念はどのようにして強化されていくのか　14
恋愛に苦しむ女性の信念とは　17
怒りを生み出す信念とは　20
あなたの信念を書き換える5つのステップ　22
「信念―思考―行動―結果サイクル」とは　25
STEP 1
他者を認める　27
自分よりも相手を優先してしまう　29
他人にとても厳しい一面がある　31
あなたが「二人の自分」を抱えているわけ　33
自分磨きをしても自己肯定感は高まらない　34

自己肯定感の不足による症状とは 36
自己肯定感が不足した人の恋愛とは 40
自己肯定感が不足した人は、なぜ不倫をするのか 43
恋と愛の違いについて 47
「条件つきの愛」とは 49
自分の親について考える 52
自己肯定感を回復させるために必要なこと 54
愛されメイクと女子力アップ 57
生まれつきの悪人はいるのだろうか 58
他者を肯定することから自己肯定感は育まれる 62
人は目的により合理的に生きている 65
それでも過去の自分が許せないときは 66
あなたは機械ではない 67
自己重要感を得るためにも自己肯定感は欠かせない 68
STEP1 ポイント 70

STEP1 チャレンジ 71

STEP 2

箱の法則 73

彼と会えない日に浮気をしてしまうレイコさん 75
レイコさんの話から見えてくるもの 77
人はどんな人を好きになるのか 80
「自分のことが好きになれない」の類似性とは 83
自己肯定感が不足してしまう要因とは 84
自己肯定感の不足がもたらす恋愛パターン 87
「マスト思考」と「極端マインド」 89
箱の法則 90
レイコさんの箱はなぜ2つだけなのか 93
不快度を点数化してみる 95
2つの呪文で気分を点数化する 97

セルフレポーター法 101
STEP2 ポイント 104
STEP2 チャレンジ 105

STEP 3 自分の人生を生きる

107
人は誰しも自分に真面目に生きている 109
自分の人生を生きる 111
「無理」の心理学 113
真面目は不真面目 115
責任とは何か 117
隙間スイッチ 120
屋上へGO! 121
「悲しいから泣く」のか「泣くから悲しい」のか 123

妄想へGO！ 126
上司との関係性に悩むトップセールスマン 128
モードチェンジ 130
太い線を引け！ 135
人は目的により合理的に生きている 138
動かせるものだけを動かす 141
STEP3 ポイント 145
STEP3 チャレンジ 146

STEP 4
甘えのすすめ 147
コフートの心理学 149
成功者に共通する信念とは 150
裏切りの心理学 151

「努力すれば浮気を防げる」という幻想 154
自己肯定感を高める最も大切な信念とは 157
見返りのある母性愛 160
鏡対象 162
理想化対象 163
双子対象 165
コフート心理学のポイント 166
あの人の鏡対象となるために 167
「美人」と「かわいい」の違いとは 169
甘えのすすめ 171
STEP4 ポイント 173
STEP4 チャレンジ 174

STEP 5

さあ、信念を書き換えよう ―― 175

信念の解放を妨げる「4つの罠」 177
「メメント・モリ」の力 181
エッセンシャル思考 185
「動かせるものだけを動かす」再び 188
自信がない人が抱える誤解 195
「変わりたくない自分」の正体とは 200
前提を疑う 203
最後のワーク 206
STEP5 ポイント 210
STEP5 チャレンジ 211

おわりに 212
参考文献 218

はじめに

あなたの信念について

次のうちで、あなたに当てはまるものはありますか。

□ **周囲からは「元気」と見られがちだが、実はとても辛い**

□ **大切な人だとわかっていても最悪な言葉を投げつけてしまうことがある**

□ **自分よりも相手の希望を優先することが多い**

□ **自信が持てず悩んでいるが、実はプライドが高い**

□ **親に教えられたことは今でも守っている**

いかがでしょうか。

「ほとんどが当てはまっているかもしれない」

この本はそんなあなたへ向けて書きました。

あなたを一言で表すとすれば**「真面目で頑張り屋さん」**という言葉がぴったりかもしれません。

こんな使い古された言葉で表現するのは失礼にあたるでしょうか。

でも、本当にあなたは他の誰よりも頑張ってきたのです。

いつだって周囲の人に気を配り、自分の本心を隠し、大切な人の期待に応えるためなら自分の気持ちを押し殺すことだってしてしまいますよね？

そして、そのくせあなたは、**自分のことを「何の取りえもない人間」だと感じているの**ではないでしょうか？

でも、他人はけっしてあなたのことをそんなふうには思っていません。

たとえばあなたは、容姿、第一印象の笑顔、運動や音楽の才能、裕福な家柄、頭の良さ、こうしたものを人から褒められたり、羨ましがられたりするのではないでしょうか。

つまり**本当のあなたは、「才能があり、努力もしてきた」人**なのです。

それにもかかわらず、あなたは**いつも自分のことを「まだ頑張りが足りない」「私はダメだ」などと責めてしまい、つらくなっている**のです。

それはなぜなのでしょうか。その原因はどこにあるのでしょうか。

「会ったこともないのに、私の何がわかるの?」

そんな不快な気分にさせてしまったのなら謝ります。

しかし、私のクリニックには、冒頭に挙げたような、誰にも言えない苦しみを抱えた方がたくさん相談にいらっしゃいます。そして、適切な治療によって多くの方が回復されているのです。

「カウンセリングを受けてみたいが、どこに行けばよいのかわからない」

本書ではそうした悩みにできるだけ具体的な解決策をお伝えしていきます。

もちろん、すぐには私の話を信じることなどできないかもしれません。

しかし、まずはこれまでの価値観をいったん横に置いて読んでみてください。

あなたの行動を決定する「信念」

あなたの行動を決定づけているものとはなんでしょうか。

1　なぜ、あなたは毎日会社（学校）へ行くのか
2　なぜ、あなたはよくコンビニで〇〇という食べ物を買うのか
3　なぜ、あなたは今こうして本書を読んでいるのか

「なぜ」と聞かれても答えにくい質問だったかもしれませんが、答えは「信じているから」なのです。

1であれば「会社で仕事をしなければ生活できない」「今の会社が急に倒産することはない」こうしたことを信じているので、あなたは毎日会社へ通っているのです。

2でも、コンビニの〇〇が「いつもの味であること」や「食べても健康に害はない」ということを信じているから繰り返し買っています。

3の理由も、本書を読むことが「あなたにとって価値がある」ということを信じている（期待している）から読んでいるのです。

私たちの行動の背景には、いつだってこうした無意識のレベルで「信じているもの」が存在します。

私は今、この原稿を行きつけのスタバで書いているのですが、「この店ではワンドリンク頼めば1～2時間はパソコンで作業をしていても注意されない」と信じています。さらにもっと極端なことを言えば、「スタバのラテを飲んでも食中毒を起こすことはない」「このパソコンが突然に爆発することはない」こうしたことも、ふだん意識することはありませんが信じているのです。

このように、私たちが行動をする理由の背景にある「信じている」事がらや価値観のことを、本書では「信念」と呼ぶこととします。

信念はどのようにして強化されていくのか

アサミさんは20代の女性患者ですが、いつも露出度の高い服装でクリニックを受診していました。もう何年も恋愛のことで悩んでいて、アサミさんはたびたび私に、**「結局、男は体が目当**

てなんです」と話しました。

つまり、これがアサミさんの「男性に対する信念」なのです。

シゲルさんは50代の男性で、ＩＴ企業の社長さんなのですが、いつも派手なブランドものの洋服を着て、高価な時計なども身につけていました。シゲルさんはほぼ毎週のように男女が集まるイベントに参加するのですが、しばしば私に**「結局、女性はお金が目当てなんですよ」**と話しました。

これもシゲルさんの「女性に対する信念」です。

この２つの事例からどのようなことが見えてくるでしょうか。

もちろん、世の中のすべての男性が体目当てではありませんし、世の中のすべての女性がお金目当てでもありません。むしろ、そうした目的で異性にアプローチする人がどれほどいるのか、私は疑問を抱いています。

ではなぜアサミさんがそうした信念を持ち続けていたのかというと、彼女の服装がそういう男性ばかりを引き寄せているからです。露出度の高い服装で街を歩いていれば、体目当ての男性が声をかけてくるのは容易に想像ができます。

シゲルさんの場合も同様です。高価な服装や装飾品が、お金目当ての女性を引き寄せていた、あるいはシゲルさんの行動が出会った女性をお金目当ての女性へと変身させていたのです。

しかし、二人ともこうした実態に気がつくことはなく、同じ言動を繰り返してきた結果、異性に対する独自の信念をますます強化していきました。

仮に私がその点を指摘したとしても、私の考えを受け入れてはくれません。

なぜでしょうか。

それは二人とも**「自分は体やお金をアピールしないと異性の興味をひくことはできない」**という、自分に対する否定的な信念を持っているからです。

もちろんこれは二人が持つ信念にすぎず、客観的な事実ではありません。しかしこうした「自分は体やお金をアピールしなければ」という信念に従って二人が行動した結果、**「異性は体やお金が目的である」**という新たな信念が生まれ、強化されていったのです。

こうした例は至るところにあります。

ある経営者は「うちの社員はサボることしか考えていない」という信念を持っていました。そこで彼は社員を徹底的に監視し、勤務中に談笑したり、長めの休憩をとったりしている社員を見つけることで、その信念をさらに強めていきました。

しかし、その結果はというと、そうした経営者に対して社員が忠誠心を持つはずもなく、結局、その経営者の信念こそが「サボる社員」を量産することに繋がっていたのです。

自覚することが困難な信念は、人生にさまざまな影響を与えています。

そのため、**もし現在あなたが「生きづらい」と感じているのであるならば、まずはあなたの信念を見つめてみることが必要**なのです。

もちろん、私は現在のあなたの信念を「間違っている」と指摘したいわけではありません。なぜなら**「間違っている信念」など1つもない**からです。

ここで私が言いたいことは、**「信念は1つではない」**ということです。

「結局、男はみんな体目当て」といった信念も、現実に世の中には体目当ての男性もたしかに存在するので間違いではありません。しかし、性的なことへの興味が乏しい草食系と呼ばれる男性も世の中には存在しているわけです。

恋愛に苦しむ女性の信念とは

仮にあなたが「**私と付き合う男はいつか私を嫌いになる**」という信念を持っていたとします。

すると、あなたは常に彼の愛情を確認していないと不安でたまりません。たった一日、連絡がつかなかっただけで、人生の終わりのような絶望を感じ、彼があなた以外の女性の話をしただけで激しい不安や怒りが沸き起こります。その結果、あなたはいつも彼の行動を監視し、少しでも疑わしい点があったなら、徹底して問いつめてしまうのです。

こうして、あなたの交際相手は疲れ果てて、最終的にあなたの元を去っていきます。

あなたの行動は**「彼はいつか私を嫌いになる」**という信念から生まれてきていましたが、何度も同じことを繰り返した結果、あなたの信念はさらに強固なものになり、ますます男性を信じることができなくなってしまいます。

あるいは**「恋人には徹底して尽くすことが愛情の証明になる」**という信念を持っていたらどうなるでしょうか。

あなたは、彼の身の回りの世話はもちろん、デートのプランから性的な要求まで、すべてに全力で応えます。

しかし、その結果待ち受けているものは、彼からの別れ話かもしれません。

なぜかというと、私たちの心には**「返報性の法則」**と呼ばれるものがあるからです。

これは「借りや恩を受けたら返したい」といった人間の特性です。ちょうど「デパ地下でたくさん試食をさせてもらったら買わないと申しわけない」と思うときの心理です。

つまり、あなたが彼に尽くせば尽くすほど、彼はあなたへの借りばかりが積み重なり、あなたと会うのが心苦しくなるのです。

しかし、彼が去った後もあなたは自身の信念から「彼への尽くし方が足りなかったから嫌われてしまった」と考え、ますます男性に尽くすようになり、いつしか「悪い男に利用されてしまう」ということも起こりかねません。

怒りを生み出す信念とは

このように、信念はあなたのあらゆる行動、そしてその反応までをも支配しています。

私のクリニックには、「怒り」という感情のコントロールに困難を感じている女性患者さんがたくさん訪れるのですが、彼女たちの多くが、次のような信念を抱えています。

□　**世の中に対して「世界は危険で溢れている」という信念**
□　**自分自身に対して「誰からも必要とされていない」という信念**
□　**対人関係について「自分は無力である」という信念**

危険で溢れている世界で、誰からも必要とされていない無力な自分という信念からは、「人を簡単に信用してはならない」「誰かに依存しなければ生き残ることができない」といった信念が生まれ、ついには、誰に対しても「敵か味方か」の視点でしか見ることができなくなってしまいます。

ここまで読んでくださった方ならもうおわかりでしょう。一度こうした信念を抱いてしまい、怒りの感情をコントロールできなくなると、ますます誰からも必要とされなくなり、その結果ますます無力となり、危険から身を守れなくなるのです。

もし、あなたが自身の怒りの感情をコントロールできないとしたら、それはあなたの人格に問題があるのではなく、信念に問題があるのです。

「幼少期の辛い体験が原因で、今が生きづらい」あなたがそう信じていることを私は理解しています。一方で、子供時代の記憶は通常ほとんどが忘れられてしまい、その後の人生に影響を与えません。ではなぜ、特定の記憶だけが強くあなたの心に残りあなたを苦しめるのか。その答えは、特定の辛い体験があなたが生きづらくなる信念（世界観）を形成したためなのです。

ではどうすればよいのでしょうか。答えはあなたが自分で作り出したその信念に気がつき、書き換えればよいのです。

あなたの信念を書き換える5つのステップ

信念はどのようにして形成され、どのようにすれば書き換えられるのでしょうか。

本書ではそれを「5つのステップ」として紹介していきます。

ステップ1　他者を認める

ステップ2　箱の法則

ステップ3　自分の人生を生きる
ステップ4　甘えのすすめ
ステップ5　さあ、信念を書き換えよう

　この**5つのステップ**は、個別の心理学的な考え方を寄せ集めたものではありません。下の図のように**すべてが連動**しているのです。

ステップ1とステップ2のテーマは「依存からの脱却」です。人は苦しくなると、誰もが「何か」に頼らざるをえません。お酒であったり異性であったり、時には自分を傷つけてしまうような行動をとってしまう方もいるのです。

　自分でも「これではまずい」とは思いつつも、心の苦しみをなんとかして癒すための「自己治療」として続けてしまうのです。つまり、こうした行

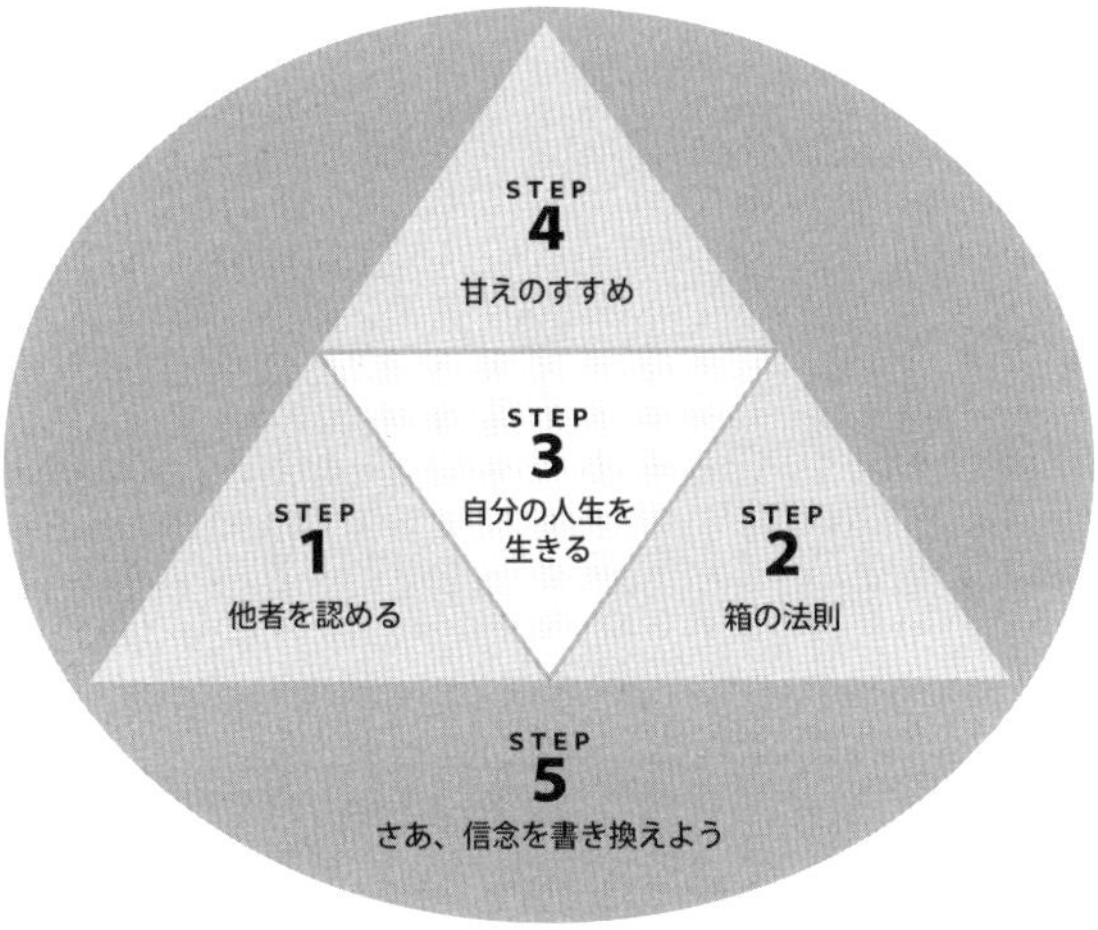

動を止めるためには、その原因に向き合い、対処する方法を学ぶ必要があるのです。

ステップ3のテーマは「自立」です。依存を脱却したあなたは、親や恋人のための人生ではなく、自分のための人生を歩む必要があります。ここではさまざまな心理学の技法を紹介していきます。

ステップ4のテーマは「甘え上手になる」です。コフート心理学を用いて「大切な人を作る」「あなたの周りに味方を増やしていく」といったゴールを設定し、あなたの信念を書き換えていきます。

ステップ5のテーマは「心のブレーキの解除」です。人の心にはいつだって「変わりたい自分」と「変わりたくない自分」がいます。ダイエットでも英語の勉強でも、なぜ人は長続きが難しいのか。答えは心の中の「変わりたくない自分」との折り合いがついていないからなのです。ここではあなたの「変わりたい」という気持ちを阻む罠とその対処方法について学んでいきます。

そして、**ステップ1**から**ステップ5**はすべてが連動しています。たとえば、**ステップ5**の「ブレーキの解除」の方法を学ぶことで、ますます**ステップ1・2**の「依存からの脱却」が容易になる、**ステップ4**の「相互依存」の概念を理解することで、安心して**ステップ3**の「自立」ができる、といった具合です。

ですから本書は、初めから終わりまで読んで終わりにするのではなく、繰り返し何度も読んでください。そうすることで、あなたの生きづらさが少しずつでも確実に解消されます。

そして、あなたが人生で苦しくなったその時も、ぜひ再び本書を開いてください。必ず、その問題を解決するヒントが見つかるはずです。

「信念―思考―行動―結果サイクル」とは

心が変われば行動が変わる
行動が変われば習慣が変わる
習慣が変われば人格が変わる
人格が変われば人生が変わる

これは心理学者ウィリアム・ジェームズの言葉ですが、ここでいう「心」とは本書における「信念」のことです。

あなたの行動の裏側に存在する信念を発見し、書き換えることが、あなたの行動を変え、人格を変え、その結果として人生を豊かにしてくれるのです。

本書ではこれを**「信念―思考―行動―結果サイクル」**と呼びます。**ステップ1〜ステップ5**は、すべてこのサイクルを意識して作られています。

無意識にある**信念**を書き換えられたなら、**思考**が変わり、**行動**も変わることで、あなたはこれまでとはまったく異なる**結果**を手にできるのです。

では、さっそく**ステップ1**に入りましょう。

STEP 1

他者を認める

他者を肯定するとあなたの価値が下がる
と誤解していませんか？
実は他者肯定感と自己肯定感は比例して
いるのです。

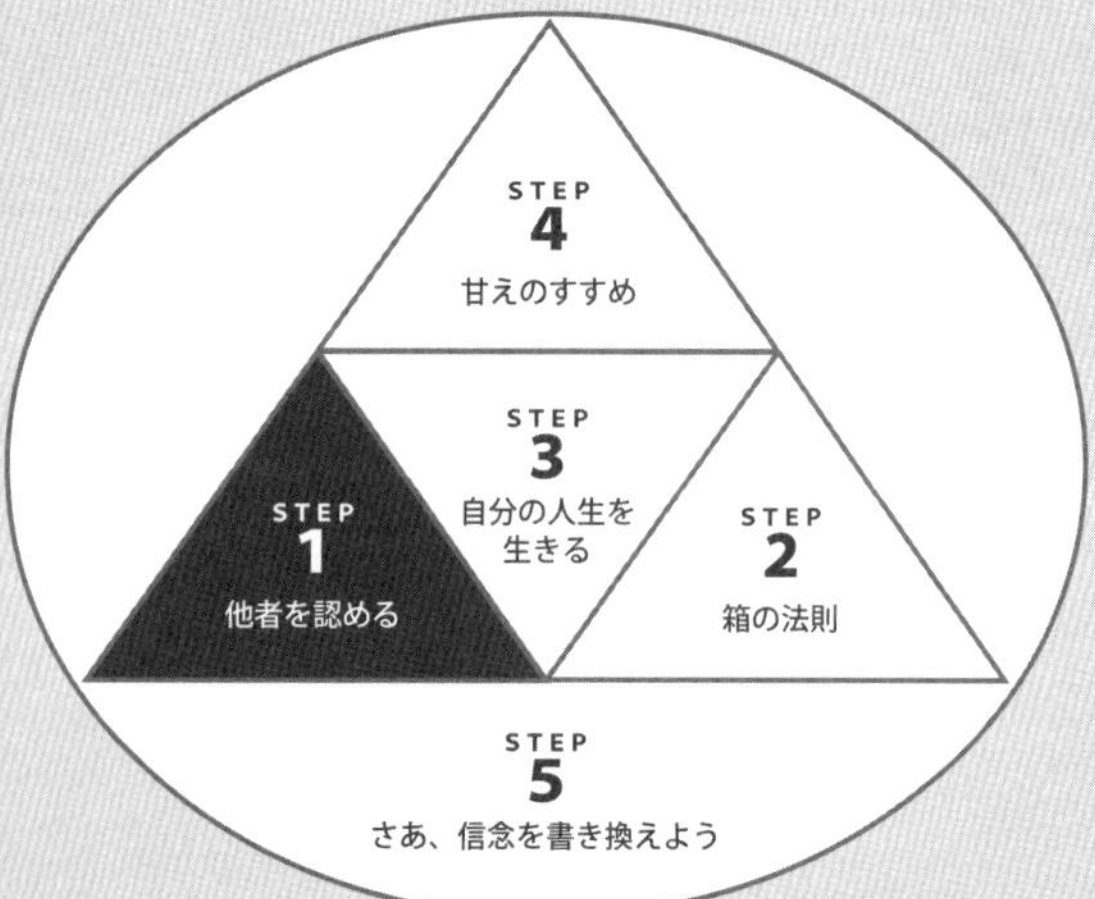

自分よりも相手を優先してしまう

カルテ1　ナオミさん（28歳　女性）

ナオミさんは大学卒業後、証券会社に就職して6年目です。

清潔感のある服装できちんと髪を整えたナオミさんは、このように切り出しました。

「夜、寝ようと思ってベッドに入ると、仕事で失敗したことや職場の人間関係のことをあれこれ考えてしまってなかなか眠れません。うつ病ではないでしょうか」

ナオミさんの表情はたしかにすぐれませんが、その整った身なりやしっかりした声の調子から、うつ病の患者さんとは少し違う気がしました。

詳しく話を聞いてみると、どうやらナオミさんが本当に悩んでいることは仕事の失敗や職場の人間関係そのものではなさそうなのです。

そして、ナオミさん自身も何が本当の悩みかわからない様子です。

そこで私は、ナオミさんが人間関係でいちばん疲れるのはどんなときかと尋ねてみました。

するとナオミさんはしばらく考えてから、

「こんなことは誰にでもあるのかもしれませんが」

と前置きしたあとで、

「職場ではもちろん、友人や家族にも、自分の本音を言うことができません」

と言うと、一気に話し始めました。

上司から仕事を頼まれると、本当は断りたいのに笑顔で引き受けてしまうこと。

同僚や友人から愚痴や自慢話を聞かされると、内心はうんざりしているのに興味があるふりをしてしまい、いつも聞き役にされてしまうこと。

職場の飲み会では、内心「この話のどこが面白いの？」と思っても、楽しいふりをしてしまい、会が終わると疲れ果ててしまうこと。

親や恋人から頼まれると、お金や性的に望まないことであっても、「いや」と言えないこと。

結局ナオミさんは、**いつでも本心を隠して相手の望む行動をとり続けてしまう自分に疲れ果てていた**のです。

ナオミさんの悩みをまとめるとこうなります。

□ 人から頼まれると、嫌なことであっても断れない
□ 楽しくない場面でも楽しいふりをしてしまう
□ 親や好きな相手には自分を犠牲にしてでも尽くしてしまう

ナオミさんと同じように「頑張り屋さん」であるあなたの中にも、**「自分よりも相手を優先してしまう自分」**がいたりはしないでしょうか。

身も心も疲れ果てるまで頑張ってしまったり、そんな状況であってもまだ自分の努力不足を責めてしまったりしたことはないでしょうか。

なぜ、あなたはそこまでして自分より他人を優先してしまうのでしょうか。

他人にとても厳しい一面がある

一方で、ナオミさんは別の悩みも抱えていました。

新卒の後輩が入社してくると、細かいことが気になってたまりません。

いつも時間ぎりぎりに出勤する、挨拶の声が小さい、服装が乱れている、そんなことがある

たびに口うるさく注意してしまうのです。

同僚や先輩は「新人なんてみんな最初はそんなもんだよ。そのうち自分で気がつくんだから放っておきなよ」と言うのですが、ナオミさんは納得がいきません。

なぜなら自分が新入社員だったときには、遅刻しないように毎朝30分以上早めに出勤して、誰にでもきちんと挨拶し、社会人らしい服装にも心がけていたからです。

ナオミさんが気にしていることはもう1つありました。

ナオミさんの会社では定期的に営業会議があるのですが、そこで自分の出した企画書に反対意見が出たり、却下されたりすると、たとえ相手が上司であっても露骨に不機嫌な態度をとってしまったり、会議が終わると同時に乱暴に席を立ってしまったこともあります。

また、恋愛面でも恋人から「急な残業が入ったので今夜は会えない」などと連絡を受けると、強い不安が沸き起こり「私と仕事、どっちが大切なの」と、相手を困らせてしまうのです。

□ **礼儀やマナー、モラルなどを欠いた人が許せない**

□ **自分の意見や考えが否定されると強い怒りを覚えてしまう**

□ **相手が自分の思いどおりにならないと「自分はこの人とは合わない」と感じてしまう**

どうでしょうか。頑張り屋さんではある一方で、あなたの中にも、こうした不快な感情を制御できなくなってしまう自分がいたりはしないでしょうか。

相手は職場の人とはかぎりません。友人や恋人、家族などでも同様です。

自分でも**「やってはいけない」「これはマズイ」とわかっていながらも、怒りが止まらなくなってしまう、あからさまに嫌な表情をしてしまう**、などという経験はありませんか。

あなたが「二人の自分」を抱えているわけ

「自分を押し殺してまで相手を優先してしまう自分」と、「他者に厳しく、ときには感情がコントロールできなくなってしまう私」はなぜ共存しているのでしょうか。

ナオミさんは、こうした自分のことを「二重人格なのかもしれません」と話していました。

しかし、ナオミさんは二重人格でもなんでもありません。

まるで正反対に見える2つの行動ですが、じつはどちらも原因は同じなのです。

それは、ナオミさんがいつも心の奥底に**「どうせ私は」といった、自身に対する否定的な信念**を持っていたからです。

□ どうせ私は、誰からも必要とされていない
□ どうせ私は、努力しても認めてもらえない
□ どうせ私は、誰からも理解されない

本書ではこうした信念を**「自己肯定感の不足」**と呼ぶこととします。

では、自己肯定感が不足していると、なぜ自己犠牲をいとわなかったり、感情のコントロールが困難になったりしてしまうのかを考えていきましょう。

自分磨きをしても自己肯定感は高まらない

そもそも自己肯定感とはどういったものなのでしょうか。

「職場で営業成績トップを達成し、社長賞をもらった」
「学生時代、ミスコンにもエントリーされたことがある」
「有名大学を卒業し、大企業の正社員」

一般的にこうした人たちは自信にあふれ、自己肯定感も高いと思われがちです。

しかし、現実にはこうした華やかな経歴の方でも自己肯定感が不足している方が少なからずいるのです。なぜなら**自己肯定感とは、成果や結果が出ても出なくても「私は私で大丈夫」と感じられる状態**だからです（詳しくはステップ5で解説します）。

ふだん私たちは「SNSでたくさんの〈いいね！〉がついた」「ダイエットに成功した」といった出来事があると、自信が持てたり、自分のことを好きになったりしますが、本書ではそれを**自己肯定感ではなく自己重要感**と呼びます。

「昨年は社内で営業成績がトップだったのに、今年はベスト3にも入れそうにない」

といった場面を想像してみてください。繰り返しになりますが、自己肯定感とは、いかなる場面でも「私は私で大丈夫」と感じられる状態です。つまり、こうした営業成績がふるわない場面で「自分はもうダメだ」「自分には何も価値がない」と考えてしまう人は、自己重要感だけで自分を支えているのです。

もちろん仕事の成績が下がったら、誰だってがっかりします。ましてや昨年の営業成績が1位であったなら、その気持ちはなおさらでしょう。

しかし、自己肯定感が高い人は、こうした際に、がっかりはしながらも、

- この結果から学べることは何だろう

・これを機に自分の働き方も見直そう

と、自分自身のあり方と仕事の成績とを分けて捉えることができるのです。

「自分はそんなふうには絶対なれない」とあなたは感じたかもしれません。

もちろん、すぐには難しいでしょう。

しかし、意識的に自己肯定感を高めるトレーニングに取り組むことで、あなたは必ず変われますし、それによって、あなたの生きづらさも必ず改善していきます。

具体的なトレーニング方法については後ほど詳しく説明をしていきますので、まずはもう少し「自己肯定感とは何か」について一緒に学んでいきましょう。

自己肯定感の不足による症状とは

自己肯定感とは、子どものころから心の奥底で作られてきた、自分に対する「信念」です。

自己肯定感が高い人は、ありのままの自分を「大丈夫」と信じており、不足している人は、ありのままの自分を「ダメ」と信じているのです。

もちろん「あなたはありのままの自分のことを大丈夫だと言いきれますか?」と聞かれたら、

自信を持って「はい」と答えられる人は少ないと思います。

しかし、自己肯定感の高い人は、そうはいっても**「まあ、なんとかなる」**と信じてもいるのです。そのため、「本当の自分を知られたら嫌われてしまうかも」といった不安も抱えていませんし、恋人や特定の人に過度に執着することもありません。

一方、自己肯定感が不足した人は、どんなに素晴らしい才能や成功体験があったとしても、

「どうせ私なんて」とどこかで信じています。そのため、外見や才能を人から褒められたとしても素直に喜ぶことができませんし、中には「みんな、自分の外見ばかり褒め、内面はまったく見てくれない」と感じてしまう人もいます。

そして、ありのままの自分を「ダメ」と信じているがゆえに、**他人からの注目や称賛を集めることで、自分の心を満たそうとする**のです。

「インスタ映え」といった言葉がありますが、人は自己肯定感が不足していると、SNSに依存したり、自分の価値を高めてくれそうな相手ばかりを求めてしまうのです。

もう一度ナオミさんの話に戻りましょう。

彼女は自分のことを「二重人格かもしれない」と話していましたが、その本質は自己肯定感の不足にありました。

素の自分・ありのままの自分に対して「私は私のままで大丈夫」と思えない結果、ナオミさんの中には**「すべて相手に合わせることで嫌われないようにする私」**と**「自分の価値や自信を下げる相手を許さない私」**とが同居していたのです。

一見正反対に見える彼女の行動も、「自己肯定感の不足」といった視点から眺めると、容易に理解することができます。
場面に応じて整理してみましょう。

職場

- 言いたいことを我慢して、上司や同僚の都合に合わせてしまう
- 自分の意見や提案を否定されると、強い怒りを覚えてしまう

友人関係

- 食べるものでも行きたい場所でも、相手の希望に合わせて楽しそうにふるまう
- 自分に相談してきた相手がアドバイスに従わないと不機嫌になる

家族や恋愛

- パートナーから望まない要求をされたとしても、決して「いや」と断れない
- 相手が思いどおりにならないと、すべてがどうでもよくなってしまう

自己肯定感が不足していると、人はこうした矛盾した行動をとってしまいます。

他人に「NO」と言えないことも、他者に強い怒りをぶつけてしまうことも、そのどちらも

が、**自己肯定感が不足しているがゆえの症状**なのです。

自己肯定感が不足した人の恋愛とは

当初、ナオミさんの悩みは職場での人間関係だったのですが、治療を重ねるにつれ、相談内容は異性との関係へ変わっていきました。

ナオミさんはこれまで不倫をしたことを打ち明けてくれました。

大学生の頃から2人の男性と不倫関係を持ち、相手の奥さんから慰謝料を請求されかけたこともあったそうです。

ナオミさん自身も「不倫は良くない」と考え、合コンや街コンなどにも参加して、誠実そうな男性からデートに誘われたり、告白をされたこともあったそうです。

しかしそうした男性たちに対して、いつもどこか物足りなく感じてしまい、デートにも気乗りがしません。そして、別れたはずの不倫相手に連絡してしまうのです。

先ほど、自己肯定感と自己重要感は異なるという話をしましたが、**自己肯定感が不足している女性は「自分のコンプレックスを埋めてくれる相手」と付き合うことで自己重要感を高めよ**

うとする傾向があります。

「自分は頭が良くない」というコンプレックスを抱えている女性は知的な男性を求め、「自分は自由に生きられない」と悩んでいる女性は、好きなことをして自由そうに生きている男性に惹かれていく、といった具合です。

自分に不足している能力を持つ男性と付き合えれば、一時的にせよ自分の劣等感が埋め合わされる気がするからです。

一方、**自己肯定感が不足している男性は、自分を大きく見せることで自己重要感を高めようとする傾向**があります。

自分がいかにスケールの大きな仕事をしているか、有名人の知り合いがいるかを自慢したり、これ見よがしに派手な服装や高価な時計を身につけたりするのです。

先ほどの「インスタ映え」もそうですが、豪華な旅行や、派手なパーティの様子をＳＮＳにアップするのも同様です。

それは、自分が多くの人から賞賛されることで、不足している自己肯定感を埋め合わせ、自分自身に「ＯＫ」を出そうとするための試みなのです。

しかし、こうしたことで、彼らや彼女らの心が満たされることはありません。なぜなら、こうした行動を取れば取るほど「やはり私は私のままではダメなんだ」といった信念が強まってしまうからです。

そして男女ともに、自己肯定感が不足していると、健全な恋愛を継続することは難しくなります。なぜなら他人からは幸せそうに映っても、当人の心の中は綱渡り状態だからです。

女性の場合、たとえ理想的な男性と出会い、結婚を前提とした交際が始まったとしても、相手から嫌われてしまえば再びコンプレックスを抱えた過去の自分に戻ってしまいます。

そこで彼女はなんとしても彼を「失いたくない」という思いから、相手のほんの些細な言動にも過敏に反応をしてしまうのです。

ほんのわずかな異変であっても心変わりの前兆ではないかと気になって、彼を監視したり、問い詰めたり、時にはわざとわがままなお願いをすることで彼の気持ちを測ろうとしたりします。

その結果、いつしか彼は彼女との交際に疲れ果て、ついには彼女の元を去っていくのです。

彼が去ったのか、彼女が去らせたのかは言わずもがなですが、こうして彼女は「結局、私は誰からも愛されない」といったこれまでの信念をさらに強めていくことになります。

では男性はどうかというと、素のままの自分に自信が持てないため、モノやお金に過剰な価値を見出し、「女性の気持ちがモノやお金で掴める」と信じてしまうのです。

すると「お金目当ての女性」ばかりが集まって、誠実な恋愛を求める女性は彼のそばには近寄りません。

こうして彼はますます人を信用することができなくなり、ますます「モノやお金」へと執着し、「信じられるのはお金だけ」といった信念を強めていくのです。

自己肯定感が不足した人は、なぜ不倫をするのか

しかし、こうした二人がひとたび「不倫」という形で出会ってしまうと、まるで凸と凹が合わさるかのごとく強固に結合していくのです。

自己肯定感が不足した男性は、たとえどんなにすばらしい女性と結婚したとしても、その心が満たされることはありません。

なぜなら結婚の目的そのものが「自己肯定感の不足」を埋めるためであるからです。

彼らは、結婚するまでは「この相手を手に入れられたなら、私は私で大丈夫と思えるはずだ」と考え、必死にアプローチするのです。

結婚するまでのさまざまな愛情表現も「自分の自己肯定感が上がるかも」といった錯覚に基づく「自分のための行動」だと言えます。

しかし、いざ結婚をしてみると、不足した自己肯定感が満たされることはないわけです。

その結果、「今度こそ」と離婚と再婚を繰り返してしまう方も中にはいらっしゃるかもしれません。

ただし、お金などの問題から、誰もがそう簡単に離婚できるわけではありません。

そこで自己肯定感が不足している一部の既婚男性は、不倫といった形でなんとかして「自分に対するＯＫ」を出そうと試みるのです。

そして、自己肯定感の不足した女性も、そんな男性に特別な感情を抱いてしまうのです。

なぜなら、不倫であれば、通常の恋愛では交際ができないような、社会的な地位や経済力のある男性と交際ができうるからです。そして、そうした男性は、自身のコンプレックスを埋めてくれる格好の相手となるわけです。

交際が始まると、女性は「今は不倫だが、懸命に尽くせば奥さんと別れてくれるかもしれない」という思いから、不倫相手に徹底して尽くし、男性は「結婚を前提としないにもかかわらず懸命に尽くしてくれる女性」に特別な価値を感じとるのです。

こうして二人は**不倫という関係**であるからこそ、強く求め合い、凸と凹のようにはまり合ってしまうのです。

女性は、彼の気持ちが奥さんよりも自分へ向いていることを確認するために、さまざまな要求をしたりワガママを言ったりしてしまうのですが、ここでも不倫という関係性が絶妙な緩衝作用をもたらします。

不倫している男性には「自分には家庭がある」「離婚はしたくないが不倫は続けたい」といった後ろめたさがあるため、そうした相手の要望をすべて受け入れます。

仕事の愚痴を熱心に聞くのはもちろん、自分にはまるで関心のない女子会トークであっても、楽しそうに話を聞くのです。後ろめたさのない独身男性は通常なかなかそこまでしてくれません。こうして、女性はますます相手に引き込まれていきます。

凸と凹の話はまだまだ続きます。

男性はそんな接客業のような対応をする一方で、自己肯定感の不足から、時にきつい言い方で相手にダメ出しや説教をします。

しかし、そんな男性の行動に対しても、女性は不足した自己肯定感のもと「叱られるのは自分が悪いからだ」「ダメな私を育ててくれている」と捉えてしまうのです。

こうした二人の関係性を心理学では「共依存」と呼びます。

ナオミさんが合コンや婚活で知り合った男性に物足りなさを感じたのは、不倫相手のような魅力的なスペックや自分へのダメ出しがなかったからです。

またデートが面倒くさいと感じてしまったのも、不倫相手がしてくれるようなホスピタリティに満ちたお客様対応がなかったせいでしょう。

自己肯定感が不足している限り、男性も女性も健全な恋愛を継続することが困難であることがおわかりいただけたと思います。

どんなに自分のコンプレックスを埋めてくれる相手と付き合おうとも、多くの異性から注目を浴びようとも、それが自身の不足した自己肯定感を埋めることはありません。

また、頑張り屋さんであればあるほど、ビジネス書や自己啓発書を読んだり、セミナーや資格の勉強会へ参加し、自分の特性や長所を伸ばそうと努力します。しかし、そうした行動でも高まりうるのは自己肯定感ではなく自己重要感なのです。

では自己肯定感を高めるにはどうすればよいのでしょうか。

恋と愛の違いについて

自己肯定感を高める方法を考える前に、「恋と愛」の違いについて考えてみましょう。

「恋と愛」が合わさると「恋愛」という言葉になるわけですが、「恋と愛」の違いについて、意識をしたことはあるでしょうか。

まず「恋」について考えてみます。

「初恋」「失恋」などという言葉が示すように、「恋」は片思いをしているときによく使われます。相手を見ただけでドキドキする気持ちであり、「大好き」を強めた状態とも言えます。

「恋」という感情の正体は「～だから好き」と言い換えることができます。

- □ **バリバリ仕事ができるから好き**
- □ **自分が心細いときに支えてくれるから好き**
- □ **見た目がタイプだから好き**

このように、恋には必ず「～だから」といった理由が伴うのです。

以前、何かの本で読んだのですが、「恋」という漢字は一番下に「心」という文字がついています。これは相手に対する下心を表しているそうです。

一方、「愛」はどうでしょう。

「愛」という漢字は字の中心に「心」があります。相手の内面を理解し受け入れている心を表しているそうです。

「母性愛」という言葉に代表されるように、恋よりも穏やかで相手を包みこむような感情を想像する方が多いのではないでしょうか。

結婚式では「病めるときも健やかなるときも、これを愛し、これを助け、敬う」と誓います。

「愛」という感情の正体は「〜だけど好き」と言い換えることができるのです。

□ 収入はあまり高くないけど好き

□ 見た目はそこまでタイプじゃないけど好き

□ 趣味はまったく合わないけど好き

このように、相手の条件や自分へのメリットではなく、それどころかデメリットがあるにもかかわらず相手を「好き」と感じられるのが「愛」なのです。

そして、なぜ「恋愛」であって「愛恋」とは呼ばないのでしょう。

それは**すべての恋愛が「〜だから好き」という理由を伴った「恋」から始まり、やがて「〜だけど好き」という無条件の「愛」へと変化していく**、このことを昔から人は知っていたからだと思うのです。

「条件つきの愛」とは

最も一般的な愛の形に、親子愛があります。

さきほど、「愛」とは「〜だけど好き」な気持ちであると説明しました。

親にとっては、たとえわが子が美形でなくても、勉強があまり得意でなくても、**「やっぱりうちの子供が一番かわいい」**のです。

しかし、親が子供にそうしたメッセージを上手に伝えられなかったり、子供がそうした親の想いを受け取ることが苦手であったりすると、子供は自己肯定感を育むことが困難なまま成長してしまうのです。

心理学には**「条件つきの愛」**という言葉があります。

これは「～だけど好き」ではなく**「～であるなら好き」という愛情**の形です。

私が知るかぎり、自己肯定感が不足している方は程度の差こそあれ、養育者からの「条件つきの愛」を経験していました。ナオミさんも例外ではありません。

□ **学校や習い事の成績がよければ「いい子」**
□ **お手伝いをきちんとすれば「いい子」**
□ **人前で親に恥をかかせなければ「いい子」**

一方でテストや習い事の成績が悪かったり、親の言いつけを守らないと厳しく叱られました。

□ **あなただって「やりたい」って言ったじゃない**
□ **あなたのためを思って言っているのになぜわからないの？**
□ **お姉ちゃんなんだからガマンしなさい**

そのためナオミさんはいつも**「どうすればお母さんから『いい子』と言われるか」を行動の基準にして生きてきた**のです。

自分の親について考える

「条件つきの愛」という言葉を知って、あなたは今、何を思われているでしょうか。お気づきかもしれませんが、あなたの自己肯定感が不足していることと、「条件つきの愛」には少なからず関係があります。

ただし、ご両親にその事実を伝えて、現在あなたが苦しんでいることへの謝罪を求めるといったことはしないほうがいいでしょう。

なぜなら、仮にそこで親御さんから謝罪をされようものなら、ますますあなたは「自分は親のせいで幸せになれない」という信念を強めてしまうからです。

つまり、親御さんからの謝罪は、あなたの自己肯定感を高めるどころか、ますます下げてしまうのです。

大切なことは、あなたが自分の力で**自己肯定感を高め**、生きやすくなることです。

ではどうすればよいのか。まずは以下の2点について確認しておきましょう。

1　自分の子供を愛していない親はいない

2　「条件つきの愛」を与えてしまう親の自己肯定感もまた不足していた

1つ目については子育てをしたことがある方ならば誰でも知っていることです。人間は他の動物と比べて、あまりにも未熟な状態で生まれてきます。誰かがミルクの世話からおむつの世話まで昼夜を問わずケアしてくれたおかげで、私たちは今こうして生きているのです。

「そんなことは親として当たり前のことでしょう?」

たしかにその通りかもしれません。しかし、親として当たり前のことをしてくれたというその事実こそ、そこに親子愛が存在していた証なのです。

そして2つ目に、あなたの親もまたあなたと同様に「どうせ自分なんて」「自分は何をやってもダメ」といった思いに苦しんでいたのです。

そして、「自分のコンプレックスを子供が代わりに満たしてくれたなら、自分のことを好きになれる」、こうした思いから、あなたに対し「親のコントロール願望」なるものが生まれてしまった可能性を考えてみていただきたいのです。

現時点では、私の話のすべてには同意できないかもしれません。

しかし、あなたの苦しみの原因があなたの親からの「条件つきの愛」であったのと同様に、あなたの親もその親からの「条件つきの愛」で苦しんできたのです。

そしてその親の親もまた、という話であるならば、これはもう**誰が悪いという話でなく、誰も悪くない**のです。

自己肯定感を回復させるために必要なこと

本章の目的は、あなたの自己肯定感を回復させることであり、それは一言で言うと**「自分を愛する」**ということです。

私が診察室でこの話をすると、「自分には愛すべきところなどない」「こんな私を愛するなんて無理だと思う」と否定する方がいます。しかし、こうした発言には矛盾があるのです。

なぜなら、愛の正体とは「～だけど好き」だからです。

自分を好きになるために勉強や仕事を頑張る、自分磨きをする、人脈を増やす、こうした努力をする方はたくさんいます。書籍やネット上にも、「自分の長所を探しましょう」「女子力を磨きましょう」といった情報が溢れています。

しかし、これもまた「～だから好き」といった、自分自身への「条件つきの愛」にすぎず、自分を愛することには繫がらないのです。

カルテ 2 タカシさん（30歳　男性）

社会人8年目のタカシさんは、入社以来、自分の学歴にコンプレックスを抱えていました。職場の先輩からは「社会に出たら出身大学なんて関係ない」とアドバイスをされ、自分でもその通りだとわかってはいるのですが、ついそのことばかり考えてしまいます。

仕事中はもちろん、飲み会や交流会などでも、出身大学を尋ねられるのではないかと過剰に恐れ、日常のふとした瞬間にも「もっと勉強を頑張っておけばよかった」「なぜ自分は○○大学なんだろう」とため息をついてしまうのです。

こうした話は公私を問わずたまに相談を受けるのですが、彼らの心を苦しめているのはじつは学歴や実績そのものではないのです。

では、その苦しみの正体とは一体何なのでしょうか。

人の心には**「自分が他人を見ているのと同じように、他人は自分を見ているはずだ」**と考えてしまう特性があります。

たとえば、自分より年収が低い人をバカにしている人は、自分よりも年収が高い人に出会うと「自分はバカにされているに違いない」と感じてしまう、といった具合です。

実際に診察を行っていくと、タカシさんの心の中にも、自分より低い学歴の人を見下してしまう信念が存在していました。その結果、彼は「自分より高学歴の人は自分をバカにするはずだ」「人前で自分の学歴を晒すことは危険である」といった信念を抱えていたのです。

そこで私は、タカシさんにこうした心の仕組みを伝え、数回の診察を通して「自分より学歴が低い人に対する価値観の変換」を目的としたカウンセリングを行いました。

具体的な方法は後述しますが、その結果、タカシさんは自分の出身大学に対するこだわりがずいぶんと軽くなりました。

タカシさんの話で私がお伝えしたかったのは**「他人に対する否定的な信念が、自分に対する否定的な信念を生み出す」**ということです。

では、この話を、あなたの自己肯定感を高めるために用いるとどうなるでしょうか。

自己肯定感とは「私は私で大丈夫」と感じられる状態であり、「自己肯定感を高める」とは、自分を「恋する」のではなく「愛する」ということでした。

じつは自分のことを「愛せない」人の背景には、他人のことを条件つきでしか「愛せない」自分が存在しているのです。つまり、自分を愛したいのであれば、まずは自分が他人を愛することで、自分の中の「愛する力」をトレーニングすることが必要なのです。

愛されメイクと女子力アップ

巷の恋愛書や女性雑誌には「パートナーから愛されたければ、まずは自分で自分のことを愛してください。なぜなら自分で自分を愛する以上に、相手から自分のことを愛してもらうことは不可能だからです」などと書かれているものが少なくありません。

女性雑誌の記事に「愛されメイク」「女子力を上げるコーディネート」といった内容のものが多いのも、外見を磨くことが自分に自信をもつための具体的手段だからでしょう。

しかし、この理屈は誤りです。こうしたもので高められるのも結局は「～だから好き」という「条件つきの愛」に過ぎません。自分を愛することには繋がらないだけでなく、こうした努力をすればするほど「私は素のまま・ありのままの自分では愛されない」という負の自己洗脳をすることにもなりかねないのです。

まずは他人に対して「〜だけど好き」と肯定できる状態になりましょう。

「自分を愛する（肯定する）ためには、まずは他人を愛する（肯定する）」、これこそがあなたが自分で自己肯定感を高めるための最良の方法なのです。

では、他人を肯定するためにはどうしたらよいのでしょうか。

生まれつきの悪人はいるのだろうか

カルテ3 ヤスオさん（41歳　男性）

ヤスオさんは覚せい剤取締法で実刑となり、出所した当日に「眠れないので睡眠薬が欲しい」と私のクリニックを受診されました。

話を聞いたところ、ヤスオさんは子供の頃からずいぶんと荒れた生活を送っていました。

初めて警察の世話になったのは中学2年生（14歳）のとき、コンビニの駐車場でエンジンがかかったまま停めてあった車を盗み、高速道路で衝突事故を起こし、逮捕されたそうです。

その後も、未成年者の管理売春業や違法薬物の販売にも手を染め、これまで傷害事件を含めて4回の前科がありました。

さて、ここまでヤスオさんの話を読んで、あなたはヤスオさんに対してどのような印象を持ったでしょうか。

「どうしようもない悪い人」「絶対に関わりたくない」こうした思いが浮かんできた方もいらっしゃるのではないでしょうか。

もちろん私も、そうしたあなたの気持ちを否定するつもりはありません。

しかし、ヤスオさんの次のような生い立ちを知ったならいかがでしょうか。


ヤスオさんの両親はヤスオさんが生まれて間もなく離婚し、ヤスオさんはお母さんに引き取られました。夜の仕事に就いたお母さんは深夜に帰宅する生活だったため、ヤスオさんは毎朝、用意された菓子パンを一人で食べて登校していました。

お母さんはことあるごとに「おまえさえいなければ私は自由になれるのに」と言い、一度も授業参観へ来てくれたことはありませんでした。また、たびたび自宅に男性を連れ込み、その間は玄関に内鍵をかけていたため、ヤスオさんは下校してきても自宅へ入れず、一人で時間をつぶしていました。

こうした不遇な環境に加え、ヤスオさんは学習障害（現局性学習症）も抱えていました。これは発達障害の一つで、読み書きや計算の能力を習得することが著しく困難な疾患です。誰からも勉強のフォローをしてもらえない上に、こうした障害を抱えていたため、ヤスオさんは授業についていくことはもちろん、宿題をこなすこともできず、学校の先生からはいつも叱られていました。

そして最大の不幸はヤスオさんが小学4年生のとき、お母さんが再婚した頃から始まりました。新しいお父さんは毎晩のように酔って帰宅し、本当に些細なことでヤスオさんに暴力をふるったのです。そして、そんな際にお母さんは、自分が夫から怒りの的にされることを恐れて、いつも見て見ぬふりをしていたのです。

ヤスオさんが高学年になると、下校後は毎日、お父さんがしていた宅配の仕事を手伝わされた上に、「のろま」「使えない」と暴言を吐かれていました。

そんな虐待の日々が続く中、ヤスオさんは中学へ進むのですが、そこでようやくヤスオさんには居場所と仲間ができました。あるグループがヤスオさんを温かく迎え入れてくれたのです。そこには、中学生から10代後半の人達が集まっていました。

お察しの通り、ヤスオさんが入ったグループは反社会的な集団で、そこでヤスオさんはさまざまな違法行為や暴力行為に手を染めました。

もちろん、そうした行いを支持するつもりはありません。

しかし私も、そしてあなただって、仮にヤスオさんと同じ境遇に生まれていたならば、そうした組織に属した可能性もあります。またそうした組織はえてして、一度でも入ってしまうと容易に抜けることは許されないものです。

これは私の勝手な想像ですが、違法薬物を用いることが絆の証であったかもしれませんし、学習障害を抱え中学卒業もままならなかったヤスオさんにとって、違法な仕事を行うことでしか金銭を得る選択肢がなかったのかもしれないのです。

「不遇な生い立ちでも努力して成功した人もいる」という話を耳にすることもたしかにあります。しかし、そうした話はまれだからこそ話題となるのです。ヤスオさんのように学習障害を抱え、母親からも再婚相手からも心身共に虐待を受けていたならば、私だったら生きる力を失っていたかもしれません。

もちろん、ヤスオさんのやったことは違法行為です。しかし、だからといってヤスオさんを「生来の悪人だ」と非難するのもどこか違うと思うのです。

私はここでヤスオさんの生い立ちから、**「誰もが持って生まれた環境や才能のもと懸命に生**

きている」という事実を感じとっていただきたいのです。

他者を肯定することから自己肯定感は育まれる

別の例を挙げましょう。もしあなたの周りに「勉強をサボって留年してしまった」という人がいたならば、あなたはどのように感じるでしょうか。

「自業自得だ」「学費を払っている親に悪いと思わないのか」、たしかにこうした意見も一理あると思います。

しかし、本人にしてみれば「まさか留年するとは思わなかった」「楽しい趣味と出会いハマってしまった」「卒業して社会に出ることに強い不安があった」「そもそも授業についていけなかった」など、他の人からしてみると言い訳や詭弁に聞こえるかもしれませんが、その人にはその人なりの言い分があるのです。

つまり、ここでも私が言いたいことは**「みんな誰しも自分の中では頑張って生きている」**ということなのです。ただ人により持って生まれた才能や与えられた環境が異なるために、勉強や仕事の成果に差が出たり、やる気が出てこない状態なのです。

「才能とは継続した努力によって育てるものだ」「人間は環境を自分で作り出せる生き物である」、もちろんこうした価値観を持つ方もいるかと思います。しかしそのように考え、行動できるのも、やはり生まれ持った才能や環境があってこそだと言えるのです。

「もうじき40歳にもなるうちの息子が本当にどうしようもない奴で、毎日12時間も寝て、起きた後も部屋にこもったきりなんです」

これは「家族相談」として外来にこられた、とあるお父さんの言葉です。

そこで私は「では、お父さんは息子さんのように、毎日12時間も眠り、起きたあとも部屋にこもることができますか？」と質問をしました。

すると「まあ、たしかに自分にはできないですね」と答えるわけです。

40歳という年齢で「引きこもり」という状態はたしかに私も問題だと思います。しかし、だからといってその方が「どうしようもない奴」なのかというと、それはまた別の話です。

なぜなら、引きこもっている彼だって、もし社会で働いていける自信があるならば、仮にお父さんが「家から出るな」と命じたとしても、自ら外の世界へ出ていくはずだからです。

また本当に「毎日12時間も寝ている」のであれば、それは過眠と呼ばれる症状であり、何かしらの精神疾患が発症している可能性も否めないのです。

私がこうした話を丁寧にお伝えしたところお父さんは耳を傾けてくださり、後日、息子さんと共に来院される運びとなりました。

その結果、息子さんは双極性障害を抱えていて、コミュニケーションスキルに課題があることがわかりました。その後はクリニックにてデイケア治療を開始し、精神障害者福祉手帳も取得し、初診からおよそ2年後に障害者雇用という形態で就労へと繋がりました。

成長を拒み自分の足で立ち上がろうとしない赤ちゃんが世の中に存在しないように、人は誰しも「成長したい」という意思を持っています。そして誰もが自分の持って生まれた才能や育った環境のもと、精一杯、生きているのです。

繰り返しになりますが「～だから認めてあげる」、これは相手への「条件つきの愛」なのです。

そうではなく**「～だけど認めてあげる」**、これこそが相手を愛し肯定するということであり、そのためには「人は誰もが持って生まれた才能や環境のもとで頑張っている」という信念を作り上げていくことが大切なのです。

こうして**あなたがあなたの出会うすべての人を肯定できるようになると、いつしか自分自身に対しても、「私も頑張って生きてきた」と、自分の過去を肯定できるようになる**のです。

人は目的により合理的に生きている

次のような人について、あなたはどのような意見を持つでしょうか。

□ **政治にまったく興味がなさそうなのに選挙に立候補した芸能人やアスリート**
□ **誰が聞いても実現不可能と思われる政策や公約を掲げている議員候補**
□ **仕事はおざなりであるのに、不倫や経費の横領が発覚した政治家**

政治家を例にあげたのは、政治は誰にとっても関係があることだからなのですが、ここまでの話をふまえて、あなたはこうした人たちを肯定することができるでしょうか。

政治家の仕事は、日本という国を私たちにとってより住みやすい国にしていくことですから、もしそれができないのであれば、できる方に交代をしていただく必要があります。

そのためには法律に則ってしかるべき手続きを踏めばいいのです。それが選挙で政治家を選んだ私たちの責任だと思います。

しかし世の中を見渡すと、こうしたニュースの報道がされたなら、ネットにはたくさんの誹謗中傷が書き込まれ、管轄の事務所には抗議の電話が殺到します。

もちろん悪いのは政治家として不適格な人たちです。しかし、だからといってそうした人を正義の名のもとに叩く行為は、不倫を繰り返していたナオミさんや、中学生で車を盗んだヤスオさんを無条件で叩いてしまうことと何も違いがありません。

では、どうしたらよいのでしょうか。

この続きは**ステップ3**でアドラー心理学を参考にしながら解説をしていきます。

それでも過去の自分が許せないときは

「もっと○○しておけばよかった」「なんであのとき、あんなことをしてしまったのだろう」というように、過去の自分の行いに対して強い後悔や自責の念にとらわれてしまうことがあるかもしれません。

しかし**他者を肯定する信念を育むことで、過去の自分も肯定することができるようになる**のです。

たとえば自身の失敗に対しては「当時の知識や経験では現状を想像することはできなかった」

「あのときはそれで問題ないと思っていた」、こう肯定することで「仕方がなかった」「同じ誤ちは二度と繰り返さないようにしよう」と対処ができるようになります。

仮にそれでも囚われてしまうのなら、**「自分らしくなかった」**と考えてみましょう。瞬時に現在と過去とを切り離すことができるように必ずなります。

そもそも後悔の対象はいつだって「過去の自分の行い」についてです。つまり、**「未来の目標」へ向かって歩いている人に、後悔という概念は存在しえない**のです。

極論ですが、**後悔の正体とは「今、暇なんです」という状態に過ぎない**のです。

あなたは機械ではない

「他者を認める、肯定する」とは、相手の過去を理解する、ということです。

そして、この力を高めれば高めるほど、あなたはあなた自身の過去を受け入れることができるのです。

「つまずいたっていいじゃないか。人間だもの」、これは詩人の相田みつをさんの言葉ですが、

あなたは、**つまずいても、転んでも、時には手を抜いても、サボってもかまわない**のです。

なぜならあなたは機械ではなく人間だからです。

「まだ足りない」「もっと頑張らないと」、そうやって自分を追い立ててきた結果、手に入れたものは何だったでしょうか。他人に虚勢を張ってしまう自分や、自分にも他人にも厳しくなってしまう自分だけだったのではないでしょうか。

あなたを機械のような頑張り屋さんにしてきたのは「条件つきの愛」でした。

しかし、あなたはもう「条件つきの愛」にとらわれる必要はないのです。

なぜならあなたは、たとえどんな状態であってもあなたであり、そして誰とも替えの効かない唯一無二の存在だからです。

「条件つきの愛」は世代間の連鎖を経てあなたのもとへ巡ってきました。しかし今のあなたの中には、こうした悲しみの連鎖を止める力が確実に育まれているのです。

自己重要感を得るためにも自己肯定感は欠かせない

ここまでをお読みいただき、自己肯定感と自己重要感の違いが少しずつ見えてきたのではないでしょうか。どちらも人の幸福を支える感情ですが、あなたの生きづらさを取り除くには自己肯定感を高めることが欠かせません。もちろん、自己重要感を否定するわけではありません。勉強でも仕事でも成果が良いに越したことはないからです。しかし、その対象が何であれ、成果を高めるには、成果に振り回されない心の安定（自己肯定感）が欠かせないのです。

人は、頑張り屋さんであればあるほど、自分の過去（の結果）に厳しくなり、その結果、今が苦しくて動けなくなってしまいます。けれど、過去の自分を認めて肯定できたなら、あなたは今日から「自分の人生」へ向けて歩き出せるはずです。

では、「自分の人生」とは何なのでしょうか。詳しくはステップ３で説明しますが、その前にステップ２「箱の法則」について解説していきます。

STEP1

ポイント

1

自己肯定感を高めるためには、まず他人を認めよう。

2

他人の過去を認めることで、あなたの過去を認める力をつけよう。

3

人は長所があるからではなく、短所があるから愛される。

STEP 1◆チャレンジ

1

友人や恋人と遊んでいて、「何を食べる?」「どこに行きたい?」などと聞かれた場面を想定し、「具体的なあなたの希望」を答える練習をしてください。

＊その際、それはあなたの本音でなくてもかまいません。これまでの「つい相手の希望に合わせてしまう自分」から脱却するトレーニングです。実際にそうした機会が訪れたら、反射的に相手に合わせてしまう自分がいないかどうか、チェックをしてみてください。

2

同性でも異性でもかまいません。あなたが最も嫌いな人を一人あげてください。その人の持って生まれた才能や育った環境に注目し、その人に対する負の感情をどの程度まで減らせるか、取り組んでみてください。

3

人から相談をされた際に「絶対〜したほうがいい」、「絶対〜は止めたほうがいい」などと言ってしまったことはありませんか。なぜ、それは「絶対」なのでしょうか。また「絶対」という言葉の背景には、あなたのどんな信念が隠れているか、書いてみましょう。

STEP 2

箱の法則

他人を信じることが苦手なはずなのに、
特定の人には依存してしまう心の仕組み
はどうなっているのでしょうか。
「箱の法則」に答えがあります。

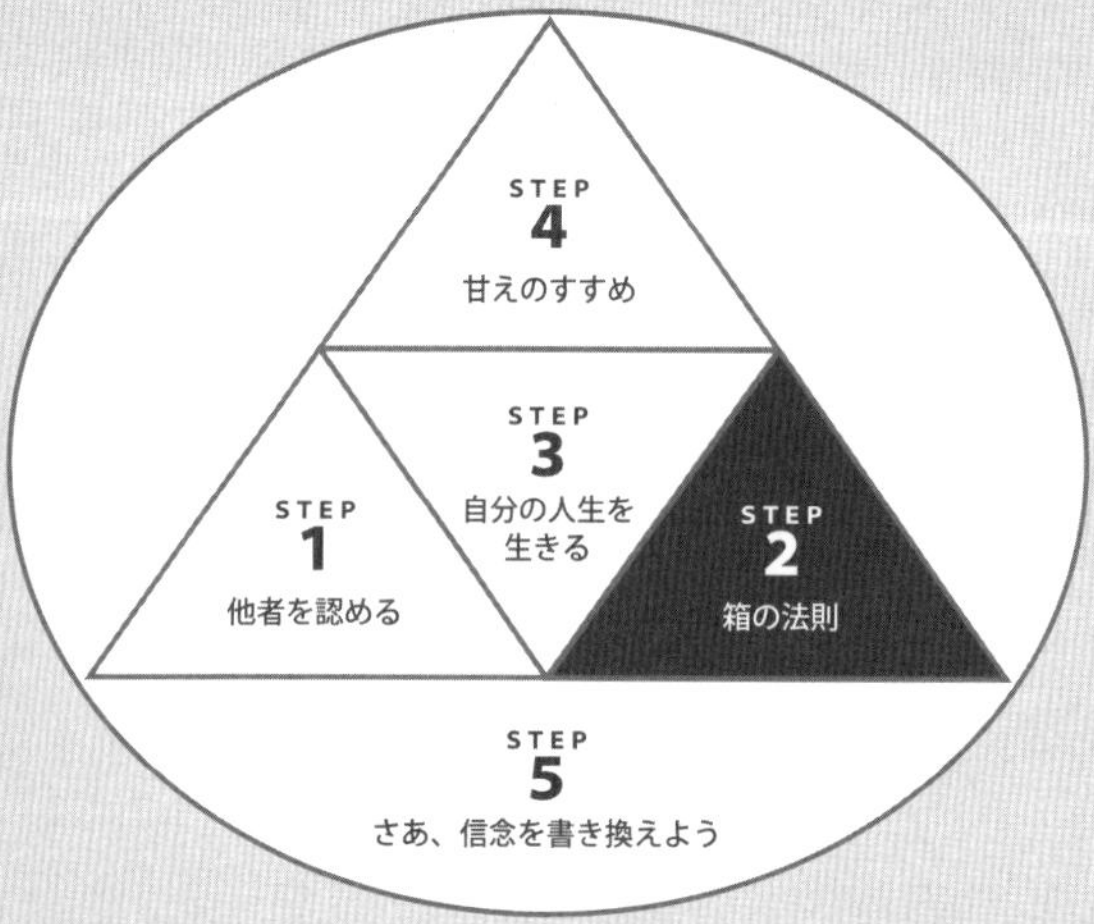

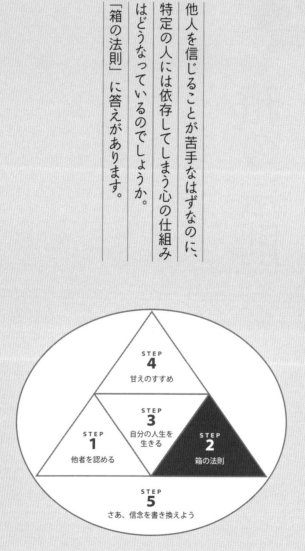

彼と会えない日に浮気をしてしまうレイコさん

あなたはこれまで、恋人や大切な人に対して「最低」「裏切られた」と考え、一方的に関係を断絶したことはないでしょうか。

「素晴らしい人だと思っていたのに裏切られた」

「理想的な人だと思っていたのに幻滅した」

もし、あなたがこうした経験をした覚えがあるならば、それはあなたの中にある「箱の法則」が関係しているのかもしれません。

カルテ4　レイコさん（21歳　女性）

都内の音大に通うレイコさんは、恋人と喧嘩した夜に自宅で市販の風邪薬をオーバードーズしてしまい、心配した両親に連れられて私の外来を訪れました。

レイコさんは顔立ちの整った綺麗な方でした。

ひどく憂うつな表情で「何もかもがうまくいかない」「生きているのが辛い」と話し、無気力で朝も起きられず、しばらく学校も通えていないとのことでした。

しかし、常にそうかというと、自宅で海外ドラマやお気に入りの動画を観ているときは別人のように元気とのことでした。

レイコさんには恋愛の悩みもありました。

「今の彼氏はとても優しいのですが、仕事が忙しくあまり会えないのが不満です」

彼と会えない日が続くとＳＮＳやマッチングアプリで出会った男性と浮気をしてしまうのですが、その翌日は強い後悔と彼への罪悪感から、一歩も外へ出られなくなってしまうとのことです。

レイコさんはこれまでの恋愛でも**「恋人がすぐにメールを返してくれなかったり、急にデートがキャンセルになったりするとすべてが終わった気持ちになり、自分から別れを告げたり、記憶が飛ぶまでお酒を飲んだりしてしまう」**といった経験をしていました。

レイコさんのお母さんは「子供の頃から手がかからず、真面目で勉強もよくできたのに、なんでこうなってしまったのかわからない」、お父さんも「夜遊びを禁止すべきかどうか教えて欲しい」と話しました。

レイコさんに「どんな時に一番苦しくなりますか」と尋ねると、「恋人や友人からの連絡が途絶えると、本当に苦しくなる」とのことです。
そこで私は「そうした状況で、なぜそこまで苦しくなってしまうのかを一緒に考えていきましょう」とお伝えし、定期的に通院していただくこととなりました。

レイコさんの話から見えてくるもの

初めはあまり多くを語ることのなかったレイコさんでしたが、通院を重ねるごとに心を開かれ、さまざまな思いを語ってくれました。

家族について

- レイコさんには2歳下の弟がいて、弟は生まれた時から身体に障害を抱えていたため、お母さんは弟にかかりっきりでいつも寂しかった
- お父さんは仕事が忙しくてあまり家におらず、またレイコさんが中学生の頃より不倫をしていたが、お母さんは知らないふりをしていた
- お母さんは子供の頃からレイコさんを音大に入れようと熱心であったが、いざ彼女が合格す

ると急にレイコさんへの関心が薄れてしまった

恋愛について

- 大学1年で初めて彼氏ができ、精一杯尽くしたのに浮気をされ、人間不信に陥った
- これまで4人と付き合ったが、浮気をされたり、お金を貸したこともあった
- 最近では自分のことを「好き」と言ってくれた相手にはすぐに心を許してしまう
- 好きではない男性からはモテるのに、好きな男性とはうまくいかない

友達について

- 「誰ともすぐに仲良くなれてすごい」と言われるが、実はいつも緊張している
- 昔はとても仲が良かったのに、今は疎遠になってしまった友達が少なくない

お気づきかと思いますが、レイコさんもまた自己肯定感について課題を抱えていました。弟さんに障害があってお母さんからの愛情を感じにくかったこと、お母さんの「娘を音大に」という願いが「条件つきの愛」であったこと、お父さんは自分の娘より不倫相手を優先していたと感じていたこと、などが原因と考えられます。

そして大学1年時の失恋をきっかけに、彼女の人生は不足した自己肯定感に振り回されて

いったのです。

「昔は真面目でいい子だったのになぜでしょうか」

「やっと希望の学校に入れたのになぜでしょうか」

「なぜ、なぜ、なぜ……」

10代半ばから20代前半の患者さんのご両親が私の外来を訪れ、こうした質問をされることは少なくありません。

こうしたケースの背景には、条件つきの愛や親のコントロール願望、精神的なネグレクトが存在する場合が往々にしてあるのです。

レイコさんは「大学1年で彼が浮気さえしなければ、自分の恋愛はおかしくならなかったはずです」と話す一方で「彼と似ている人がいると、つい目で追ってしまう」と、いまだにその彼に対する気持ちの整理がついていない様子でした。

そしてそのことは「彼はどんなところが素敵だったの？」と私が尋ねた際に見せた、レイコさんのなんとも無邪気な表情からもうかがい知ることができたのです。

人はどんな人を好きになるのか

「あの時、彼が浮気さえしなければ」というレイコさんの考えには私も強く共感しました。しかしその一方で、少々乱暴な発言に聞こえるかもしれませんが、「彼は浮気をするべくしてしたのでは」という可能性も治療の過程において考えていく必要がありました。なぜなら、**ステップ1**の不倫の話でも触れたように、自己肯定感の不足と恋愛の問題は切っても切れない関係にあるからです。

レイコさんが「好きではない男性からはモテるのに、好きな男性とはうまくいかない」ことには理由があるのです。

そこでレイコさんに「好きになる人はどんなタイプか」「お友達はレイコさんの恋愛について何と言っているのか」を尋ねてみると次のようなことがわかりました。

- ルックスへのこだわりは強くなく、むしろイケメンは苦手
- 友達から「あの人はやめておいた方がいい」とよく言われる
- 好きではない男性からの申込みを断ると、友達は「あの人のどこが不満なの？」と驚く

つまり、レイコさんの好きになる人はお友達の評価が低い人であり、お友達の評価が高い人をレイコさんは好きになれないのです。

自己肯定感が不足している人は自分のコンプレックスを埋めてくれる相手に好意を抱くことは先ほど説明しましたが、この話は好きになる異性のルックスにも当てはまります。

つまり、自分の見た目にコンプレックスを抱えている人は異性を外見から好きになる傾向にあり、一方、友人から「可愛い」などとよく褒められる人は、知的であったり自信に満ちていたりする異性に惹かれるのです。

顔立ちの整ったレイコさんが異性にルックスを求めない理由もその可能性があります。

「むしろイケメンは苦手」というのも、「イケメンは遊んでいそうだから」「イケメンは浮気をしそうだから」とその理由を話してくれました。

しかし現実はというと、レイコさんはイケメンを選んでいないにもかかわらず、「たくさん浮気をされてきた」のであり、自身も浮気の経験が少なからずあったのです。

こうした現実とお友達の意見から、レイコさんに「男を見る目がない」ことは明らかでした。

けれどレイコさんの好きになる男性が浮気をするのは、レイコさんに女性としての魅力がないからではありません。

レイコさんは**無意識に、浮気をしそうな男性を選んでいる可能性がある**のです。

自己肯定感の不足から自分を好きになれない女性は、往々にしてこうした、浮気性であったり、お金や時間にルーズな男性に惹かれてしまうのです。

幸せになりたいはずなのに、なぜか自分に不幸をもたらしそうな男性にばかり恋心を抱き、自分を幸せにしてくれそうな男性には関心を持つことができないのです。

こうした心理の背景にはどのような信念が潜んでいるのでしょうか。

「人は自分と意見や価値観が似ている人を好きになる」

こうした心の動きを心理学では**「類似性の要因」**と呼びます。

私たちは「地元が同じ」「趣味が同じ」、こうした人に出会うと嬉しい気持ちになります。そしてこうした心理はカップルが成立する際にも大切です。スポーツが好きか嫌いか、犬派か猫派か、子供は何人欲しいかなど、こうしたやり取りの中でお互いの共通点が多ければ多いほど、「あの人は私と似ている」→「あの人は私を理解することができる」→「あの人ともっと一緒にいたい」となるのです。

「自分のことが好きになれない」の類似性とは

ここまでの話をふまえて「なぜ自己肯定感が不足している女性は男を見る目がないのか」についてまとめてみましょう。

「人は自分と同じ意見や価値観を持つ人に好感を抱く」という「類似性の要因」は、「好きなドラマのジャンルは何か」「辛い物が好きか嫌いか」のように会話から確認していく場合もあれば、「コンビニでの店員さんへの態度」「食事の際のマナー」など、相手の行動や雰囲気からなんとなく読み取っていることも少なからずあるのです。

「〇〇さんといるとなんだか落ち着く」などという場合はその典型であり、なぜ落ち着くのかを尋ねられたとしても言葉ではうまく説明できないことも多いでしょう。

では、自己肯定感の不足により、浮気や不倫をしたり、乱暴なお酒の飲み方をしてしまうなど、「自分のことを大切に扱えない」、またはそうした行動の後に強い罪悪感を覚えてしまう人は、どのような相手に類似性を感じ取るのでしょうか。

その答えは「**私のことを大切に扱わない**」「**私に対してダメ出しもしてくる**」**こうした相手に落ち着きを覚えてしまう**のです。

レイコさんは「これまで4人と付き合ったがいつも浮気されてしまい、お金を貸したこともあった」と話していましたが、彼女は自ら、見るからに浮気しそうな男性や、自分を大切に扱わない雰囲気の相手を選んでいたのです。

友人が「あの人はやめておいた方がいい」と忠告する男性をレイコさんが追いかけるのも、友人が「あの人のどこが不満なの？」と驚く男性にはまったくときめかないのも、おそらくその原因はレイコさんの「自分のことが好きになれない」という信念と「類似性の要因」によるのです。

自己肯定感の不足が及ぼす恋愛への悪影響が、少しずつ見えてきたのではないでしょうか。

レイコさんは自身の問題を、「大学1年で彼に浮気されてから始まった」と考えていましたが、私としてはそれよりはるか以前の、彼女の生い立ちや、音大に入学した際に薄れてしまった母親との関係性による影響が大きいのではないかと考えていたのです。

自己肯定感が不足してしまう要因とは

精神医学や心理学では、自己肯定感が不足してしまう養育環境について、昔から数多くの研

究や調査がなされており、その中で代表的なものは

1　両親のどちらかまたは両方が、子供に対して虐待やネグレクトをしていたケース
2　両親のどちらかまたは両方が、子供を自分の夢を叶える道具としていたケース

があげられ、これは私が診察室で得られる印象とも一致します。

1つ目のケースで多いのは、やはり母から子への至らない対応です。

これは身体的なものに限らず、夫や親戚などの悪口を延々と聞かせ続ける、兄弟や他の家の子供と比較をする、親の気まぐれでルールや対応が変わる、といったものが挙げられます。

ネグレクトであれば、離婚した母親が新たな恋人に夢中になるケースが多く、女の子であれば父親が不倫をしている事実そのものがネグレクトに当たることもあります。

不思議なことに、父親の不倫は男の子よりも女の子に影響を及ぼすことが多いのですが、その理由として「女の子の初恋相手は自分の父親」といった心理学の通説が関係しているのかもしれません。

2つ目のケースで多いのは、比較的裕福な家庭環境の中、親が子供に受験勉強やスポーツ、

音楽などの夢を託すケースです。そしてこちらのケースでは子供が大学に受かった（もしくは受からなかった）、スポーツで結果が達成された（もしくは叶わなかった）、こうした場面で突然、親の興味や関心が本人以外へと移り、本人の中で不足していた自己肯定感が暴発してしまうのです。

レイコさんはお父さんの不倫に加えて、弟の存在によるお母さんからの愛情の格差が生じていました。しかし、それでもなんとかお母さんの期待に応えることで、親からの愛情や関心を得ようとしていたのです。

レイコさんのお母さんは、彼女のことを「真面目で手のかからない、いい子」と話していました。しかし、そもそも「いい子」とはどんな子のことを言うのでしょうか。

誰もが何気なく使う「いい子」という言葉には、「誰にとって」という言葉が隠されています。

もちろんそれは誰かというと、「いい子」という評価を下している人であり、子供の場合、一般的には親か先生ということになるのです。

「真面目」「手がかからない」、こうした言葉も同様です。

「親の思いどおりに行動し、言いつけもきちんと守る」、こうした子供のことを親は「真面目で手のかからない、いい子」と表現しているだけなのです。

では、なぜレイコさんは「真面目で手のかからない、いい子」であったのか。

それはもちろん、そうしないと「親から愛されない」という無言のメッセージを、親の言動から感じとっていたからなのです。

つまり、**自己肯定感の不足とは、長年、親の顔色を伺いながら親の期待に沿って行動してきた結果であり「自分は相手の期待に応えなければ愛してもらえない」という信念**なのです。

自己肯定感の不足がもたらす恋愛パターン

常に「いい子」を求める親の元で育った子供は、「相手の期待に応えることが正解」という信念のもと、親から愛されるためのさまざまなサバイバルスキルを身につけていきます。

親から「何が欲しい？」と聞かれたら「親が贈りたいもの」を、親が「どこへ行きたい？」と尋ねたら「親が連れて行きたいところ」を答えます。塾やお稽古事なども、自分の気持ちではなく親の要望を読み取った上で、「楽しい」「辞めたくない」などと話すのです。

やがてこうした言動は友達や恋人と過ごす際にもみられるようになります。

ランチで友達から「何が食べたい？」と聞かれても、「相手の気持ちを優先すべき」といった信念から、反射的に「○○さんは？」と聞き返してしまうのです。そして、相手の答えを聞いた上で「私も」と同意することがパターン化していくのです。

大好きな恋人といても同様、というより大好きだからこそ、「いい子でなければ嫌われてしまう」といった信念が強く働き、恋人のご機嫌取りを繰り返してしまうのです。

レイコさんは大学1年時の彼について「精一杯尽くしたのに……」と話していましたが、その背景には「尽くさなければ自分は嫌われてしまう」「尽くせば尽くすほど愛してもらえるはずだ」といった信念が存在していました。

レイコさんに限らず、**「自分を愛せない女性が自分を愛さない男性を選び、相手が望む行動を繰り返し、飽きた男性は刺激を求めて他の女性に目を向けてしまう」**、これは自己肯定感の不足した女性の最もよくある恋愛パターンだと言えるでしょう。

「マスト思考」と「極端マインド」

このように常に相手の様子や反応を伺いながら幼少期を過ごしていると、**「マスト思考」**と私が呼ぶ信念が育まれていくのです。

これは、**〈すべての物事には「〜すべき」という絶対的なルールが存在する〉といったきわめて強力な信念**です。

具体的には「親の言うことは絶対に守らなければならない」「自分より周囲の人を優先しなければならない」「課題は完璧にこなさなければならない」といったものです。

そして「ルールを守れたなら◎、守れなければ×」と、**常に自分を「◎か×か」だけで評価してしまう、「極端マインド」**と私が呼ぶ考え方が身についていくのです。

やがてマスト思考は自分に対してだけでなく他人に対しても用いられるようになります。「あの人はこうでなければならない」「あの人は私にこうすべきだ」と、自分のマストを相手の意思や同意にかかわらず課していき、相手は「自分の期待通りであれば◎」、「そうでなければ×」と、相手を「◎＝大好き」または「×＝大嫌い」と極端に二分してしまうのです。

「恋人がすぐにメールを返してくれなかったり、急にデートがキャンセルになったりするとすべてが終わった気持ちになり、自分から別れを告げたり、記憶が飛ぶまでお酒を飲んでしまう」といったレイコさんの行動は、マスト思考と極端マインドそのものです。

彼女の彼に対する評価はいつでも◎か×かのみでなされており、そこに○や△といった概念は存在していませんでした。

箱の法則

では、マスト思考と極端マインドの治療について**「箱の法則」**を使って説明していきたいと思います。

私たちの心の中には**他人を整理するための箱**があり、これまで自分が出会ったすべての人がこの箱の中に収められています。

そして、箱の数、箱の名前、そして箱を取り扱うためのルールは人によって異なり、それらは個々人の信念によって決められています。

たとえば私の場合ですと、箱の数は5つで、それぞれに名前がついています。

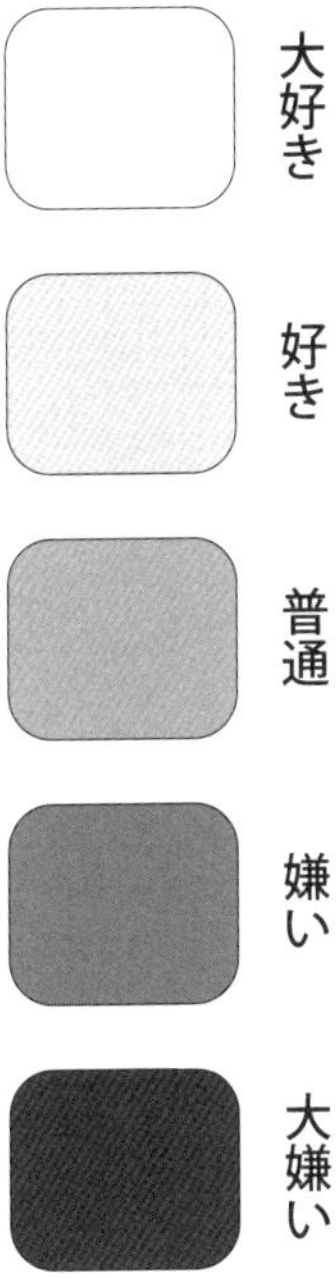

そして4つのルールが存在します。

① 初対面の人は全員「普通」の箱に入れ、最低3回会うまでは移動ができない
② 相手に好感を持てば上の箱へ、失望すれば下の箱へ移動させる

③　移動は「何かがあった」その日にするのではなく、翌日以降に行う
④　一度移動したら、3か月間は移動できない

といった具合です。

ちなみに私の「大好き」の箱には家族と友人の合計10人が入っていて、「大嫌い」の箱には過去に何度か入った方はいましたが、現在は誰も入っていない状態です。

一方、レイコさんの箱はというと、数は2つで、ルールは3つです。

①　出会った人は、すべて「敵」の箱に入れる
②　ただし「自分を認めてくれる人」「成長させてくれる人」は「味方」の箱へ移動する
③　「味方」の箱の人も自分の期待に応えてくれなければすぐさま「敵」の箱へ移動する

「味方」の箱には一昨年他界した大好きだったお婆ちゃんと昔からの親友だけが入っており、「敵」の箱には、交際中の彼を含めたその他全員が入っていたのです。

レイコさんの箱はなぜ2つだけなのか

なぜ、レイコさんの箱は2つだけだったのでしょうか。

もちろんレイコさんだって、幼少時にはたくさんの箱を持っていました。

しかし「いい子であるなら愛される」「いい子でなければ愛されない」、こうした「条件つきの愛」によって育てられた結果、彼女はあらゆる物事を「◎か×か」で判断するようになり、いつしか彼女の箱は「味方」と「敵」の2つだけとなったのです。

それでも当初は①のルールは存在せず、出会った人の多くが「味方」の箱へ入れられていました。しかし、レイコさんは極端マインドによって、「味方」の箱からどんどん「敵」の箱に移してしまい、その度に人間不信を強めていきました。

そして、いつしか「もう二度と失望したくない」と考えたレイコさんは、「ルール①　出会った人は、すべて『敵』の箱に入れる」という信念を持つことで、これ以上傷つくことから自分を守ろうとしたのです。

レイコさんは「昔はとても仲が良かったのに、今は疎遠になってしまった友達が少なくない」と話していましたが、まさしくこれも、彼女が箱を2つしか持たない現実を物語っています。

それでもときどきは、不足した自己肯定感を支えてくれる人に出会うことがありました。自分の長所を賞賛してくれる人、コンプレックスを埋めてくれる人、こうした人は「誰もが敵」である彼女にとって、たとえそれが見せかけのものであったとしても、救世主のごとく輝いた存在として映るのです。ルール②はこうした背景から作られた信念です。

レイコさんは「最近では自分のことを『好き』と言ってくれた相手にはすぐに心を許してしまう」と話していましたが、その理由もまったく同様だと言えます。

しかし、残念ながらこうした相手とも、レイコさんは長期に渡って関係性を維持することができません。

なぜなら彼女の対人パターンは、マスト思考と極端マインドにより、「相手は～すべきであり、そうであるなら◎」「そうでなければ×」という2つしかないからです。

傍から見ればほんの些細な、それこそ〇や△の出来事ではあるのですが、2つしか箱を持たないレイコさんにとっては×の出来事として判断されてしまいます。

こうして彼女は、まるで自分が受けてきた悲しみに復讐するかのごとく、「相手が自分の思う通りに応えてくれれば愛するが、そうでなければ愛さない」といった行動を「味方」の箱に入った相手に取ってしまうのです。

その結果、健全な恋愛や友人関係はきまって破綻してしまい、かろうじて続く相手はつねにちやほやしてくれる下心を持った既婚男性ばかり、ということになっていました。

私は「娘がホストにはまっている」「推しに多額の課金をしている」といった家族の相談も受けているのですが、彼女たちが借金をしてまで相手にお金を使ってしまうのも、極端マインドが原因のひとつです。

「すべてが敵」のなかで、優しい言葉をかけてくれたホストクラブの男性は、長年「条件つきの愛」に苦しめられた彼女たちには救世主に映ってしまったのでしょう。

不快度を点数化してみる

「今日は学校で最悪のことがありました」

レイコさんが通院を開始して3か月ほど経過したころ、ひどく落ち込んだ様子でこう話しました。

すでに「マスト思考」「極端マインド」についてひととおり説明し終えていたので、私はあえてこう尋ねてみました。

「それは大変でしたね。ところで最悪の事態というと退学にでもなってしまったのですか？」

もちろん真面目なレイコさんに限ってそうしたことは起こりえない、とわかっています。

案の定、彼女の「最悪のこと」とは、「明日の就活の説明会へ一緒に行く約束をしていた友人が、今日になって急にキャンセルをしてきた」ことでした。

それが彼女にとって不快であることは事実でしょうが、「最悪」というのは極端です。

そこで、「では100点満点中、退学が0点だとしたら、その出来事は何点くらいでしょうか？」とお尋ねしたところ、レイコさんは「30点、いや40点くらいだと思います」と答えました。

そこでさらに「では、ほんの2分前、診察室に入ってきたとき、自分の気持ちを何点だと思っていましたか」と質問すると、彼女は「0点でした」と答えたのです。

もちろん私は「友達から約束をドタキャンされたくらいで落ち込むな」と言いたいのではありません。

マスト思考や極端マインド、こうした信念を抱えていると、たとえ40点の出来事であっても0点の出来事と同レベルの苦しさで捉えてしまう、という心の仕組みについて知っていただきたいのです。

2つの呪文で気分を点数化する

「箱が2つしかない」、これこそがレイコさんの人間関係を破壊してきた正体なのです。

そこで、箱の数を増やしていくことが当面の治療の目標となります。

しかし、残念ながら長年の信念によって減らされた箱も、そしてルールも、すぐに変えることはできません。なぜなら、レイコさんが箱を2つしか持たない理由は、条件つきの愛という養育環境を生き延びるために、彼女自らが作りあげたサバイバルスキルだからです。

そこで、こうした習慣を変えるための2つの治療法をご紹介します。

最初は**「2つの呪文」**です。ここからはぜひあなたも一緒に試してみてください。

まずはここまでの話を整理しておきます。

□　自分にはマスト思考と極端マインドが存在している

□　箱が2つしかないために、あらゆる物事を「敵か味方か」「善か悪か」に二分してしまう

□　「味方」が突然「敵」になるのは、極端マインドや箱の数が原因である

こうした現状をしっかりと心に刻み込みます。

次に、悲しいことや悔しいことなど、日々の生活の中で感情を大きく動かすような出来事が起きた際には、必ず**「でも、まだまし」**と心の中で唱えてから、冷静に点数をつけます。

たとえば、「自分の意見が否定された」「相手が自分の思いどおりにならない」という場面において、反射的に「この人は敵」と考えてしまったとします。

そのときにすかさず、「でも、まだまし」と心の中で唱えるのです。

すると、あなたの脳は必ず「なんで？」とその理由を尋ねてきますので、その理由を考えます。

たとえば「だって、暴力まではふるってこないから」「だって、昔はお世話になったから」といった具合です。

反射的に「二度と会わない」と決めつけてしまう自分から、「でも、まだまし」「だって、○○だから」と自問自答する自分になるのです。

そして、その後に「自分の意見を否定して、その上暴力までふるう人を0点だとすると、この人は何点だろう」と自分に質問をしてみます。

最初のうちは、お風呂など一人になれる場所でじっくり考えてもいいでしょう。

コツは、必ず「なんで？」という疑問に答えてから、相手や出来事に対して冷静に得点をつけることです。

「朝、挨拶をしたのに無視された」といった場面でも同様です。

反射的に「ムカつく！　許さない」ではなく、まずは心の中で「でも、まだまし」と唱えます。そして「なんで？」という疑問が湧いてきたら、「前回は返事してくれたから」「○○課長のように嫌味を言ってくるわけではないから」と答えを見つける、といった具合です。その後に点数をつけてみましょう。

それともう1つ、これは意外かもしれませんが、嬉しいことがあったときも必ず同様のことをしてみましょう。

嬉しいときは「**でも、まだまだ**」と心の中で唱えるのです。

「大好きな人からメールが返ってきたら、落ち込んでたのが一気に幸せ気分！」かもしれませんが、「でも、まだまだ」と唱えます。するとやはり「なんで？」と疑問が出てきますので、

「だって、ただのメールだよ」「もっと優しい人もいるし」と理由を考えるのです。

そして、自分にとって最高の状況と比べて点数化します。

たとえば「海外旅行へ行く前日の気持ち」を100点だとすると、「これは何点くらいかな？」という質問を自身に問いかけ、冷静に点数化していくのです。

嬉しい気持ちをわざわざ引き下げることに、最初は抵抗を覚えるかもしれません。

しかし、これまで◎と×しか持たなかった自分を変えるためには、悲しみも喜びも具体的に点数化できるようになることが、自己肯定感を高める上で大切となるのです。

セルフレポーター法

２つ目の治療法は「セルフレポーター法」です。

これは閉所恐怖症のカウンセリングなどで用いられる手法を応用したもので、怒り、悲しみ、不安、恐怖、喜び、興奮、こうした際に、自分がテレビのレポーターになったつもりで、あなた自身を実況中継するのです。

たとえば、私（山下）が閉所恐怖症であったと仮定すると、こんな具合です。

みなさんこんばんは。レポーターの山下です。今からヤマさんは、池袋サンシャイン60のエレベーターで最上階の60階へ向かいます。ヤマさんは、エレベーターに乗ると、動悸や息切れが出現し、息ができなくなってしまうそうです。ヤマさんは無事、最上階へ辿り着けるのでしょうか。ではスタートです。おっと7階を通過した辺りで脈が上がってきたようです。ドク

ン、ドクンと心臓の音も強まり、手のひらには汗も滲んできています。そして現在19階を通過したところで額には汗がビッショリです。何やら喉を押さえ呼吸も苦しいようです。あー、ついに39階を通過したところで、ヤマさんはしゃがみ込んでしまいました−。同乗した人が心配そうに見ています。おっと、何やら手を振り、大丈夫であることをアピールしている模様です。そうこうしているうちに44階です。おそらくあと7秒もすれば扉は開くと思われます。いけるかヤマさん。頑張れヤマさん。57、58、59、60、やったー。やりましたー。

いかがでしょうか。文字で読むとバカらしく感じられてしまうかもしれませんが、続けていただくことできわめて冷静な自分を作り上げることができるようになります。

早速やってみましょう。こんな具合です。

レイコさんは今、彼からラインの返信が来ないため、非常に焦っているようです。まるで家族が交通事故に遭ったかのごとく辛そうな表情です。これまでの彼女はラインを送ってから1時間以内に返事が来なければ相手に嫌われたと考え、自分から別れを切り出すこともありました。本日はどうするのでしょうか。現在も頭の中は彼のことでいっぱいのようです。お

や、今日はコーヒーを入れていますね。少しパターンを変えたようです。しかし、手つきは重そうです。おっとノートを広げ、何やら書いています。なになに？「明日の10時までに返事がこなければ『淋しいです。お返事をください』と送る」、と書いていますね。そういえば、先日、主治医にも、不安や怒りのメッセージは翌朝まで送るのを待つよう教わりましたね。

気持ちだけでなく、自分の表情、呼吸や心拍、聞こえてくる音、自分の見ている視線の方向、こうしたものをどんどん心の声としてレポートしていくのです。

そして、**「なぜこんなにも」**といった質問を自分に投げかけてみてください。

「ヤマさんはいまイライラしています。それもかなりのイライラです。理由は○○さんが××をしたからですが、ヤマさんは**なぜここまで**イライラしているのでしょうか」「ああ私、いまとっても不安。不安だー。不安だー。やばいよー。あの人から嫌われたかもしれないよー。でも、**なんでこんなに**不安なんだろー？」といった具合です。

こうして自分を外からレポートすることで、「0点と決めつけていた出来事に対して適正な点数をつけることができる私」に少しずつ変わることができるのです。

STEP2 ポイント

1

「〜すべき」はあなたが作った法律。他人に強制するのはやめよう。

2

嫌な出来事が起きてもそれは最悪ではない。グレーの箱を増やしていこう。

3

良い出来事が起きてもそれは最高ではない。グレーの箱を増やしていこう。

STEP2◆チャレンジ

1 これまでに、あなたが「理想的な人物」と感じた人の名前をすべて書いてください。
現在、その方をどのように評価しているか書いてみましょう。

2 もし、あなたに子供ができたら「これだけは必ず守らせる」というものを書いてみてください。
＊すでに子育てを終えた方は、当時を思い出してください。

3 2で書いたことについて、今のあなたはどの程度守れているでしょうか。

4 あなたが一番苦手な場面を想像して、「セルフレポーター法」を練習してみましょう。

STEP 3

自分の人生を生きる

「自分らしくありたい」と思いつつ、人の目ばかり気にしていませんか？
「あなたのためを思って」と言いながら、結局は自分のためであったりしませんか？

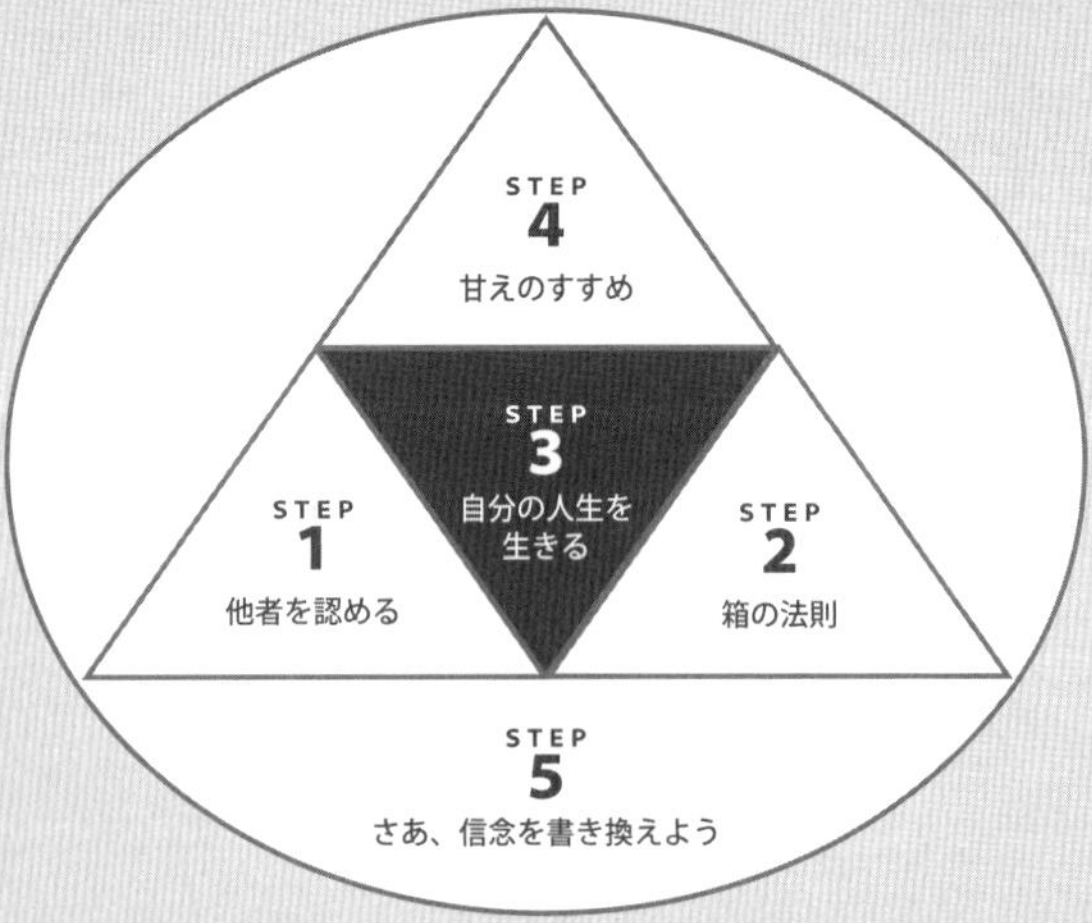

ここまで、あなたの苦しみが「条件つきの愛」「自己肯定感の不足」「2つの箱」によって生じていることを説明してきました。

あなたの苦しみはあなたの生い立ちと少なからず関係があります。

しかし、それを理由にして生きている限り、あなたの自己肯定感は永遠に不足したままになってしまうのです。なぜなら、自己肯定感を高めるとは、「Aという出来事のせいで幸せになれない」と考えているあなたの人生を、**「Aという出来事はあったけれど幸せになれた」**という人生に変えていくことだからです。

では、そのためにあなたは何をすればよいのか。

答えは**「自分の人生は自分で創り上げていくことができる」「自分の人生は過去からも、そして他人からも干渉を受けない」**、こうした信念を獲得することなのです。

ステップ3では精神科医のアドラーが唱えた個人心理学をもとにして考えていきます。

人は誰しも自分に真面目に生きている

「『真面目』の反対語は何だと思いますか？」

こんな質問をされたら、あなたは何と答えるでしょうか。

『広辞苑』で「真面目」を調べると、「①真剣であること、本気であること。そのさま　②誠実であること」と書いてあります。

つまり答えは「手抜き」や「適当」といった言葉になるのです。

なぜ、突然こんな話をしたのかというと、「真面目」や「責任」、こうした言葉を正しく理解することが、自分の人生について考える上でとても大切になるからです。

ステップ2で私は「『いい子』には『誰にとって』という目的語が隠れている」という話をしましたが、この**「真面目」という言葉にもじつは「何に対して」という目的語が隠れている**のです。

そしてこれは**ステップ1**「他者を肯定することから自己肯定感は育まれる」とも関連するのですが、**世の中のすべての人はとても真面目に生きている**のです。

ただし、人によって「何に対して」という目的語が異なるため、第三者から見た際に「あの人は真面目」「あの人は不真面目」と評価が分かれます。

たとえば、「娘と遊ぶことが最優先」であるお父さんにとっては、会社で残業をすることや職場の飲み会に参加することは「不真面目」であり、娘の授業参観に行くために仮病を使って会社を休むことは「真面目」ということになります。

また「ポケモンGOを誰よりも早く攻略することが使命」である人にとっては、営業をサボって公園でゲームをすることは「真面目」であり、帰りの電車の中でポケモンGOをやらずにビジネス書を読むことは「不真面目」なのです。

つまり**心理学の観点による「真面目」とは、「自分の目標に対して本気、真剣であること。そのさま」**であり、「目標を達成するための優先順位を誠実に守ること」と言えるのです。

自分の人生を生きる

「真面目」とは、「自分の目標に対して本気、真剣であること」でした。

では、今のあなたの目標は何かを考えてみてください。

おそらく、意識のレベルでは大切な人から愛されたり認められたりすることであり、信念のレベルでは、「〜すべき」というマスト思考に支配された行動を取り続けることなのではないでしょうか。

しかし、自己肯定感を高めたいのであれば、その目標を「自分が本当にやりたいこと」にシフトする必要があります。

こうした「〜したい」という価値観を、私は「ウォント思考」と呼んでいます。

あなたの**自己肯定感を高めてくれる最もシンプルな方法とは、マスト思考に支配されている行動をウォント思考に基づいた行動に変換すること**だと言えるのです。

そしてこれこそが、親や先生の望む人生を歩んできたあなたが、あなたの望む人生を歩みだす「始めの一歩」となるのです。

「そう言われても、自分が何をしたいのかがよくわからない」

あなたは今、このように感じたのではないでしょうか。

実際、私がこれまでお会いしてきた自己肯定感が不足している方は、誰もがそう話されます。なぜ自分のしたいことがわからないのか。それは、あなたが幼い頃から「どうすれば親から褒めてもらえるのか」「何をすれば親や先生は喜ぶのか」、つねにそのことばかり考えて生きてきたためです。

「ただ精一杯、愛してもらいたい」、あなたがそう思って頑張れば頑張るほど、あなたの足元には、「いい子でなければ愛されない」と刻まれた太い鎖が何重にも巻きついていったのです。

もしあなたが真剣に「自己肯定感を高めたい」と考えているのであれば、あなたの中にある

「真面目」の価値観を粉々に破壊しなければなりません。

なぜならあなたの今の目標は、親をはじめとした他者から評価されるためのものであり、自分の望む人生を歩もうとする上では不真面目な目標であるからです。

破壊という言葉は少々大げさに聞こえるかもしれませんが、今のあなたが「絶対に守らなければいけない」「それだけは無理」、と考えていることを180度転換する作業とはまさしく破壊そのものです。

そして、それこそが、あなたが「自分の人生を生きる」スタートです。

「無理」の心理学

これまでの生き方を大きく変えるためには、努力ではなく勇気が必要です。

そして勇気の第一歩は、「自分には無理」と思っていたことに対し、本当に無理なのかを疑うことなのです。

「明日は親友の結婚式」という場面を想像してみてください。

そのとき、職場の先輩から「明日の合コンで欠員が出たから来てほしい」と誘われたら、あなたはどう対応するでしょうか。

「すみませんが、明日は友人の結婚式があるので行けません」と断るはずです。

たとえ先輩が「そこをなんとか」「どうしてもお願い」などと食い下がろうと、あなたの答えは変わることはないのです。なぜならそれはあまりにも無理なお願いだからです。

しかし、もし、両親の住む北海道の病院から「お父様が交通事故に巻き込まれ、危篤の状態です」と、連絡があったならどうでしょう。もちろん「すぐに行きます」と答えるでしょう。

つまり、ここで私が言いたいことは**「世の中に無理なものなど1つもない」**ということです。

「どうしてもお酒（たばこ）がやめられない」と話す人も、妊娠すればやめることができますし、「明日は絶対に仕事を休めない」と考えていた人も、ＰＣＲ検査が陽性になれば必ず休みます。「海外で仕事をするなんてありえない」と考えている方も、もし災害などで日本に住むことができなくなってしまったら、必ず海外へ移住して働くのです。

「私には絶対無理です」

自己肯定感が不足している方は、応々にしてこの言葉を使いがちです。

しかし、無理とは、往々にして自分の置かれた状況で、優先順位が低い際に発生する勘違いにすぎません。自己肯定感を高めるには、「無理か否か」ではなく、「したいかしたくないか」

で考えましょう。

真面目は不真面目

社内で真面目と評されていたリエさんのエピソードを紹介します。

カルテ 5　リエさん（30歳　女性）

医薬品メーカーで営業担当のリエさんは、上司からは真面目と評価される一方で、後輩たちからは厳しい先輩と恐れられていました。服装やマナーについてはもちろん、仕事に必要な論文をきちんと読んでいるか、季節の挨拶回りにもれはないかなど、後輩たちを常に監視していたからです。

しかし、上司からの真面目という評価とは裏腹に、彼女の営業成績は決して良いものではありませんでした。

なぜかというと、リエさんが真面目であった理由が、仕事の業績をあげるためではなく、上司から「真面目」と評価されるためであったからです。後輩への指導や監視も、すべてはそのためになされていたのです。

先ほど私は「世の中のすべての人はとても真面目である」という話をしました。そしてリエさんも「真面目な社員」と思われることにとても真面目でした。

しかし、リエさんはいったいどこへ向かっていたのでしょうか。残念ながら「真面目と評されること」を目的にしている限り、彼女の営業成績は今後も上がらないでしょうし、そもそも彼女が営業成績にどこまで興味があるのかも疑わしいものです。

少し厳しい言い方になりますが、「真面目にやってさえいれば許される」といった価値観は、学生時代は評価の対象になっても、社会人、こと営業職であれば当てはまらないのです。

このままではリエさんは「真面目ではあるが、それだけでは許されない」という現実に直面する可能性があるでしょう。

最悪の場合は異動や降格を命じられ、リエさんにとっては、「私は他の誰よりも真面目に頑張ってきたのに、会社がそんな対応をするなんて許せない」という事態も起きかねないのです。つまり、真面目を目的にすることは「自分の未来」に対してはきわめて不真面目だと言えるのです。

リエさんは、なぜ真面目を手段ではなく目的として用いてきたのか。

もちろん、それは彼女が「真面目であれば愛される」という信念を抱えてきたからです。

しかし、リエさんが今後も今の職場で働き続けたいのであれば、その信念を「真面目と思われたいだけの自分は社会人として不真面目である」と書き換えることが必要なのです。

責任とは何か

「責任」という言葉を英語の辞書で引くと、「responsibility＝response（反応）＋ability（能力）」と書いてあります。つまり**責任とは「自分の反応を自分の力でコントロールする」ことであり、「自分はいかなるものの支配をも受けない」という態度**のことです。

カルテ 6　ケンジさん（35歳　男性）

ケンジさんは、職場の新人スタッフが「挨拶を返さないこと」にとても腹を立てていました。

ケンジ　先生、最近の若い子は挨拶もろくにできないんです。彼は毎朝、私を無視します。

山　下　なるほど。そんなときケンジさんは、どのような気持ちになるのでしょうか？

ケンジ　すごくイライラします。

山　下　不快な気分になる、ということですね。

ケンジ　その通りです。

山　下　では、もし挨拶が返ってきたら、どうなると思いますか？

ケンジ　もちろん、それは嬉しい気持ちになると思います。

山　下　返事がなければ不快になり、あれば嬉しい気持ちになる。ということはつまり、ケンジさんの快・不快は、新人さんによってコントロールされているということでしょうか？

ケンジ　ええ、まあ、そういうことになりますけど……

さて、このケンジさんと先ほどの「責任」の定義を比較してみるとどうでしょうか？

ケンジさんは自分の感情を新人に支配されています。つまり「ケンジさんは自分に対して無責任である」という結論になります。

- なぜケンジさんは返事を返さないスタッフに挨拶を続けているのか
- なぜ返事がないと不快な気持ちになるのか

おそらくそれは、ケンジさんの中に何かしらの**マスト思考**が潜んでいるからだと言えます。そもそも、新人に挨拶をするもしないもケンジさんの自由です。であるならば、自分がしたいようにする、すなわち**ウォント思考**に基づき行動をすればよいのです。

- 返事があろうがなかろうが、自分が挨拶をしたいのであればする
- 返事がないと苦しくなるのであれば、挨拶するのをやめる
- 返事がなければ返事を促してみる

このように、私たちは自分の反応を自分の意思や行動によってコントロールすることができるのです。

隙間スイッチ

そして、もう1つ、「なぜケンジさんは返事がないとそんなにもイライラしてしまうのか」、このことについても考えてみる必要があります。

「精神科の先生は、どのようにストレスを解消しているのですか」、この質問は公私を問わずよく受けます。しかし、私たち精神科医は「ストレスを解消する」といった価値観をあまり良しとしていません。なぜならストレスとは主観であり、信念によって生じているからです。

では、どうしているのか。答えは「隙間スイッチ」を押しているのです。

ストレスをA、そしてそれに対する反応をBとすると、一般的には「AとBはセットである」と考えられています。

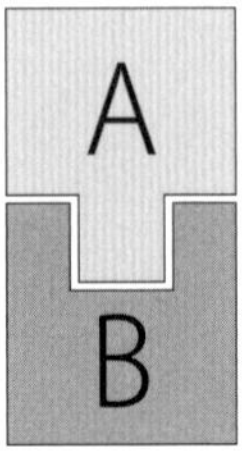

しかし、隙間スイッチを押すことで、AとBの間に隙間を生むことができるのです。

では、その隙間スイッチとは一体何なのか。実は、このスイッチには「屋上」と「妄想」と書かれた2つのボタンがついているのです。

屋上へGO!

「あなたが新宿駅の山手線ホームで電車を待っていると、スマホ歩きをしている人がぶつかってきた」、こんな場面を想像してみてください。

反応は人それぞれでしょうが、イラッとする、険しい表情で相手を睨む、という方もいるでしょう。自分の受けたストレスにそのまま反応してしまった結果です。

そこで、相手にぶつかられたらすかさず「屋上」ボタンを押すのです。

すると、あなたの意識は一瞬で、近隣ビルの屋上までワープしてしまいます。

その位置からは、山手線ホームに立つあなたの姿に加えて、中央線、総武線、埼京線、湘南新宿ラインといったあらゆる路線の乗り場で歩きスマホをする人と、それによるトラブルを目撃することができるのです。

屋上にいるあなたは、ホームにいるあなたへ向けて、こんなナレーションを始めます。


おおっと、歩きスマホの人がヤマさんにぶつかってきました。新宿駅では、こうした光景は日常茶飯事ですが、さあ、ヤマさんはどうするのか。怒るのか、怒るのか、おおー、なんと小さく溜息をつき、同様のことが起きないように自動販売機の脇に移動しました。見事です。ヤマさんは自分の感情にも行動にも責任を取りました。


「これは**ステップ2**のセルフレポーター法と同じでは？」と思われた方、その通りです。

隙間スイッチの「屋上」ボタンは、あなたを高い視点へとワープさせ、そこから今の自分に起きていることや、自分自身の振舞いなどを客観視させてくれるのです。

「悲しいから泣く」のか「泣くから悲しい」のか

多くの人は「嫌な出来事によって人は怒る」と考えています。

もちろん、そうした場合もあるでしょう。しかし、反射的に「舌打ちをした」「表情が険しくなった」、こうした行動を脳が自覚した結果として、「今、自分に嫌な出来事が起きた」と認識し、「怒り」という感情が発生したり、増幅することも多々あるのです。

これは、ドキドキしたり手が震えたりといった現象から自分の緊張に気がつく、電車でマンガを読んでいたら吹き出してしまい、「なんて面白いマンガなんだ」と感じるのと同様です。

つまり、ストレスを感じた際に、これまでとは異なる行動を選択することで、あなたは「怒り」と呼ばれる感情の出現に影響を与える（減らす）ことができるのです。

不快な出来事に遭遇したら、まずは深呼吸して、あなたの心の中にある「屋上」ボタンを押します。実際にどこか体の一部を押してもいいでしょう。そして、あなたがどこか高い場所からあなた自身を眺めているイメージを思い浮かべます。

小さく見えているあなたは、あなた自身であると同時に大勢の中の一人にすぎません。「これは自分だけに起きているわけではない」「人前で怒っている姿は素敵ではない」、こうしたなにがしかの思考を巡らせられれば、あなたは自分の感情を自分でコントロールできるのです。そして、これこそが「自分に対して責任を持つ」ということなのです。

もし、不快な出来事が起こることが事前に予想できる場面であれば、より早い段階からナレーションをかけてみましょう。あなたが冷静であればあるほど、より簡単に自分を屋上へ連れていくことが可能となるからです。

では、参考までにケンジさんの例でやってみます。

さあ、ケンジさんは今日もオフィスにやってきました。そして、オフィスといえば挨拶。ケンジさんにとっては習慣です。さて、例の新人は来ているのか。お、いました。そういえば、挨拶は返しませんが、彼はたしか遅刻をしたことはありません。さあ、今日こそ挨拶は返ってくるでしょうか。いきます。いきますよ。せーの、「おはようございまーす！」はい、言った。言いました。そして返事は、返事は、……、……、あー、やっぱりありません。残念です。彼が入社してから83日。本日も挨拶は返ってきませんでした。

そしてケンジさんはというと、本日も激しく腹を立て、それはもうプンプ……、プ……、あれ、今日はあまり怒っていません。なんだか素敵に見えます。

といった具合です。

そもそもセルフレポーター法は、精神科の中でも治療が難しい閉所恐怖症（正式には広場恐怖と呼びます）の治療法です。ですから、「新人が挨拶を返さない」レベルのストレスなど容易に（とまでは言いませんが）コントロールができるはずです。

妄想へGO！

２つ目の「妄想」ボタンとはどういうものなのでしょうか。

まずは、私とケンジさんのやり取りを読んでください。

山　下　ところで、なぜ新人さんはケンジさんに返事をしないのでしょうか？

ケンジ　そんなこと知りませんよ。私が聞きたいくらいです。

山　下　なるほど。でも強いて言うなら、なんだと思いますか？

ケンジ　だからわかりませんって。彼はきっと私のことをバカにしているんですよ。

山　下　なるほど、バカにしているから返事を返さない、とお考えなんですね。

ケンジ　そうなんじゃないんですか。みんなで話しているときは普通なんですから。

山　下　そうですか。ところで、ひょっとして彼は○○ってことはないでしょうか？

ケンジ　え、……。さすがにそれはないと思いますけど……

もしあなたが私であったなら、○○○の箇所に「どんな言葉」を当てはめるでしょうか。

・自分以外の人へ向けて挨拶をしていると思っている
・ケンジさんのことが怖くて緊張している
・そもそも挨拶を返すという概念がない

「それはさすがにありえない」と感じたものもあるかもしれません。

しかし、新人さんがなぜ挨拶を返さないのか、その理由をケンジさんが直接尋ねるつもりがないならば、「自分が楽になるようにこじつける」「妄想してみる」、こうした発想は感情をコントロールする上でとても有効です。

有名人がネットで叩かれる場合を考えてみましょう。「どうすればすべての人に本当の俺を理解してもらえるだろう」と深刻に悩むより、「有名になると必ずアンチが現れ、妬まれる」と割り切ったほうが現実的ですし、楽しい人生を送れるでしょう。

駅でマナーが悪い人を見かけた場合も、「なんであの人はあんなことをするんだ！」と腹を立てるのではなく「きっと職場でもあんな感じで、みんなから嫌われているんだろう。自分はそうでなくて良かった」と考えられたならしめたものです。

そして、結局はイライラしてしまったとしても、自分が楽になれるよう妄想にチャレンジしたならば、「自分の感情に責任を持とうとした」と言えるでしょう。

もちろんケンジさんが、「いや、彼は私をバカにしているに違いない！」と考え続けたいのであれば、それは彼の自由です。しかし、それでは彼の自己肯定感は永遠に不足したままなのです。なぜなら自己肯定感の回復には「他者を肯定すること」が欠かせないからです。

他者を肯定できるように、自分の中の想像力を用いるのです。

「他人から返事があれば幸せ、返事がなければ不幸せ」といった具合に自分の幸せを他者に依存している限り、人は自分の人生に責任をもつことができないのです。

上司との関係性に悩むトップセールスマン

カルテ 7　コウさん（32歳　男性）

コウさんはX社の腕利きセールスマンです。社内で売り上げ販売台数においてつねに上位の成績を収め、何度も表彰されてきました。

しかし、そんな彼にも悩みがありました。それは上司である課長との人間関係です。

課長は「俺だって若い頃はお前くらい売っていた」「売ることも大切だが、もっと一人ひとりのお客様を大切にしろ」と、コウさんの仕事ぶりにいつも小言を繰り返していたのです。

そんなことを言われてはコウさんも面白いはずはありません。売り言葉に買い言葉を繰り返し、いつも二人の関係はピリピリしていました。

コウ　先生、課長が本当に理不尽で、最近は朝の出勤も憂うつなんです。

山下　それはお辛いですね。ところで職場の方たちは、コウさんの状況を何と言っていますか？

コウ　「課長はお前に嫉妬しているのだから気にするな」と言います。

山下　私もそう思うのですが、違うのでしょうか。

コウ　違うとは言いませんが、それよりも、なぜ課長は私を評価してくれないのでしょうか。

山下　うーん、評価しているがゆえの嫉妬だと思うのですが……。わかりました。では違う質問をしましょう。コウさんの理想的な状態を教えてください。

コウ　元気に会社に行けて、課長とも仲良くできている状態です。

山下　なるほど。でも私が思うに、コウさんほどの営業マンであればそれは簡単なはずですよ。

コウ　営業であれば少しは自信がありますが、あの課長とだけはうまくいかないんです。

山下　じゃあ、課長をお客様だと思えばいいじゃないですか。

コウ　え、それはどういう意味ですか?

なぜ、コウさんほどのセールスマンが、課長とはうまくいかないのか。それはコウさんが課長との関係性に「何かしらの期待」をしていたからです。

モードチェンジ

私たちの日常生活における人間関係は、**①仕事（業務の場面）**、**②交友（友人との場面）**、**③愛（恋人や家族との場面）**、という3つの場面からなっています。

そして自覚の有無にかかわらず、誰もが①～③の場面に応じて、**①仕事キャラ**、**②友達キャラ**、**③愛情キャラ**、といったキャラクターの仮面をかぶり生きているのです。

「職場で誰とも会話しない暗い上司が、地下アイドルのイベントでハッスルしている」「会社で誰もが恐れる部長が、家では奥さんの尻に敷かれている」といった具合です。

では、この①～③の場面で、人間関係の構築が最も難しいのはどの場面かというと、それは**③愛**の場面であり、①→②→③の順で難度は上がっていくのです。

では、なぜ人間関係の構築において**①仕事**の場面が最もやさしいと言えるのか。

それは、仕事には明確な目標や上下関係などがあり、「どうふるまえばよいか」を理解しやすく、勤務する時間や場所も限られているからです。

しかしこれが**②交友**の場面だとそうはいきません。

なぜなら**②交友**の場面では、「認められたいけど、自慢をすると嫌われる」「助けてあげたいけど、お節介とは思われたくない」こうした矛盾や葛藤にうまく対処する必要があるからです。

そして**③愛**の場面になるとさらにその難度は上がります。

「他人の子供には上手に関われるのに、いざ自分の子供となると……」といった話は誰もが耳にしたことがあるでしょう。恋愛では嫉妬や依存といった感情も生じやすく、何より共に過ごす時間が多いため、お互いの欠点も目につきやすいのです。

では、コウさんの話に戻りましょう。コウさんは課長に何を期待していたのでしょうか。

本来、課長とは**①仕事**の場面という関係性です。

コウさんの「仕事キャラ」とはどんなキャラクターなのでしょうか。たとえば「お客さんからクレームが出てしまった」という際にどうするかを尋ねると、

- こちらの落ち度の有無にかかわらず、まずは丁寧に謝罪を行う
- 相手の意見に丁寧に耳を傾ける。そこには自分の価値観を一切持ち込まない
- 相手が自分に何を求めているかについての先入観を捨てる
- 再発防止に向けて会社全体で取り組むことを約束する

とのことでした。そこには「自分のことを理解してほしい」「認めてもらいたい」といった②**交友**の場面で生じる感情は一切存在していませんでした。

しかし、課長との関係性においては違いました。

もちろん、①**仕事**の場面に②**友達キャラ**を持ち込んでいけないわけではありません。しかし、人間関係の構築はいつだってお互いの同意が必要なのです。つまり、どんなにコウさんが人格者であろうと、車の販売台数を上げていようと、課長に「コウさんと交友したい」という意思がなければ交友関係は成立しえないのです。

課長の意思がどうであるかはわかりません。しかし、現状でうまくいっていないのなら、課長とはお客さん同様の**①仕事キャラ**で業務として付き合うことが大切です。

コウ　先生はそう言いますが、お客様は会社に利益を運んでくださるので……。やはり課長にはそこまでサービスする気にはなれません。

山下　なるほど。ではコウさんは、なぜ会社の利益が上がることが重要とお考えなのですか。

コウ　私の査定に繋がるからです。正直、出世もしたいので。

山下　そうですよね。では、その査定をするのはどなたなのでしょうか？

コウ　課長と部長、あとは所長がします。

山下　では、査定をする課長とお客様とでは、コウさんにとってどちらが出世における重要人物だと言えるのでしょうか？

コウ　……課長だと思います。

「自分のことを理解してもらいたい」、こうした願望は誰もが持っており、これは人間に備わる本能とも言えます。

しかし、**①仕事キャラ**においては多くの人がそれを胸の奥にしまっておくことができるのです。

コウさんに限らずクレームが出たならば誰もが即座に「申し訳ございません」と謝ることができますし、二度と来てほしくないお客さんに対しても、笑顔で「ご来店ありがとうございました」と言えます。

つまり、**人間関係の構築にトラブルが生じた際には、現状のキャラを①仕事キャラへと、モードチェンジすればよい**のです。

そしてこうしたモードチェンジは「義理の母との関係に悩んでいる」「母親からの圧力が苦しい」といった場面でも有効です。

③愛情キャラから**①仕事キャラ**にモードチェンジを行うことで、自分の中の「理解してほしい」という感情を手放すことが可能となり、淡々と対応ができるようになるからです。

「さすがに自分の親にそこまでは……」と感じられた方もいるかもしれません。しかし、それはあなたのこれまでの「真面目」であり、「自分の人生を生きる」「自分の反応に責任を持つ」こうした目的を持つ人にとっては「不真面目」な価値観なのです。

なぜなら**責任とは「自分の反応を自分でコントロールできる」ことであり、「自分はいかなる**

ものの支配をも受けない」ということだからです。

太い線を引け！

コウ　先生のおっしゃる意味がよくわかりました。私は課長と「わかり合える」と思っていたのですが、同僚が言うように妬まれているとしたら、それは難しいのかもしれません。

山下　はい。コウさんの「課長とわかり合えるはずだ」というお考えに、私は好感を持っています。しかし、今はいったん保留にするのがよさそうですね。

コウ　そうしてみます。それでもやはり課長から批判されるのが怖いのですが、我慢するしかないのでしょうか。

山下　いいえ、我慢をしてはいけません。なぜなら我慢はいつか必ず破綻をきたすからです。

コウ　え、そうなんですか？　では、いったいどうすればよいのでしょうか？

他者からの批判に対して私たちはどうすればよいのか。

これは自己肯定感の回復において、とても大切なテーマであると言えるのですが、そうした際は、**自分と相手との間に「太い線」を引く**のです。

これは「私は私」「その人はその人」としっかり区分する、ということです。

人は皆、生い立ちはもちろん、記憶や価値観、感性も異なっています。

現時点で相手がそう考えているのなら、そのことを変えようと無駄に時間や労力を割くのではなく「あなたはそう思うんですね」、と心の中で唱えておわりにしてしまえばいいのです。

そして、この太い線については、あなたから他者へも引けていることが大切となります。

自己肯定感が不足している人は、自分の価値観を相手に押し付けることで、その不足を補おうとします。「あなたのためを思って」といった言葉で相手を支配しようとするのです。

しかし、そうした行動によって何が引き起こされるのかというと、答えはさらなる自己肯定感の不足なのです。なぜなら相手を支配しようとしている限り、その方の幸・不幸は相手の反応に依存してしまうからです。

こうした相手への支配欲はマスト思考とも強い関連があります。

マスト思考に縛られている人は、いつだって努力の連続です。そのため、つい正論を振りかざして自分以外の人にも我慢や忍耐を強いてしまうのです。

一方、自己肯定感の高い人はいつだってウォント思考に基づいて行動をしています。

周囲からは努力しているように映ったとしても、本人の中では我慢や忍耐ではなく、希望や興奮に満ちているのです（ウォント思考の具体的な見つけ方については、**ステップ5**で説明をします）。

人は目的により合理的に生きている

カルテ8　マリコさん（29歳　女性）

「彼の気持ちがわかりません」

看護師として病院に勤めるマリコさんは、こんな悩みを打ち明けてくれました。

マリコさんには交際して4年目になる職場の先輩がいました。彼はマリコさんとの結婚をほのめかす発言をする一方で浮気を繰り返し、そのたびに二人は喧嘩をしていました。

マリコ　先生、どうして彼は浮気をやめないのでしょうか。

山　下　どうしてやめないのか？　うーん……まず、浮気について話し合いは持たれているのでしょうか？

マリコ　彼が浮気するたびにしています。そのつど彼は「もう二度としない」と言うのですが、またしばらくすると……

山　下　そうですか。ところで、なぜ彼は浮気がバレてしまうのでしょうか？

マリコ　「良くない」とわかっていても彼のスマホをチェックしてしまうんです。

山　下　それは辛いお話ですね。ただ、そもそも彼に結婚の意思はあるのでしょうか？

マリコ　あると思います。「将来はどこに家を買う」とか「子供はどうする」といった話はよくするので。

山　下　なるほど。ところでマリコさんは「発言は誤魔化せても行動は誤魔化せない」という言葉はご存知でしょうか？

マリコ　いえ、初めて聞きました。それはどういう意味ですか？

なぜマリコさんの彼氏は浮気を繰り返していたのでしょうか。

マリコさんの前では言えませんが、答えは「浮気をしてもフラれないと考えていたから」か、「フラれてもいいから浮気をしたかった」かのどちらかです。

そして、その奥には「たくさんの女性と関係を持ちたい」という目的があるのです。

一方で、マリコさんの目的は、「彼と結婚して幸せな家庭を築きたい」というものでした。

つまり、問題の根本は「彼もマリコさんと同じ目的を持っている」とマリコさんが誤解している点にあるのです。

では、マリコさんはどうすれば彼と結婚ができるのでしょうか。

残念ながらその答えは私にもわかりません。

なぜなら、**人は誰しも自分の目的に向かって生きており、目的を達成する手段を変えさせることはできても、目的そのものを変えさせることは困難**であるからです。

たとえば、「有名になりたい」という理由でミュージシャンを目指している人に、「あなたはお笑い芸人の方が有名になれます」と説得できたなら、その人は音楽を手放すかもしれません。

しかし、「音楽で自分を表現したい」というのがその人の目的であったなら、どんな方法を用いても、その人に音楽を手放させることは難しいでしょう。

つまり、**その人の目的はその人にしか変えられない**ということです。

たとえ今の彼と結婚できたとしても、マリコさんが幸せになれる可能性はきわめて低いでしょう。マリコさんにお伝えした通り、それは彼の発言ではなく行動を見れば明らかです。そもそも、同棲しながら浮気を繰り返している彼が、マリコさんと結婚をすることで得られるメリットは何ひとつありません。「結婚をすれば（子供ができれば）変わると思ったのに」、という言葉をよく耳にしますが、その結末は判で押したように「変わらなかった」で終わるのです。

西洋にはこんなことわざがあるそうです。

「ある男があなたを欺《あざむ》いたなら彼を辱《はずかし》めるがいい。しかし、その男がもう一度あなたを欺いたなら、あなたを辱めるがいい」

他人の行動について「なぜ?」「どうして?」と疑問が頭を駆け巡ったときは、「相手の気持ちがわからない」と考えるのではなく、**「自分は相手の目的を理解できていない」**と考えてみてください。すべての人は自身の目的に沿ってきわめて合理的に生きているのです。

動かせるものだけを動かす

ステップ3「自分の人生を生きる」で私がお伝えしたいことは、**「私たちは誰しも自分がコントロールできることしか変えられない。だからコントロールできることにのみ取り組みましょう」**ということです。

過去のトラウマ、他人の言動、恋人からの愛情、親からの理解……、これらはすべて、私たちが自分ではコントロールできないことです。

自分でコントロールできないことで悩んだり、イライラしたり、無理に変えようとして疲れてしまう代わりに、自分がコントロールできることにのみ、集中するのです。

「妄想へＧＯ！」「屋上へＧＯ！」で自分の感情をコントロールし、「モードチェンジ」「太い線を引く」で自分の行動をコントロールしましょう。

たとえばマリコさんであれば、次のような行動ならば自分でコントロール可能です。

- 彼の発言でなく行動に目を向ける
- 他の男性にも目を向けてみる
- 場合によってはいったん関係を解消してみる

こうした行動こそが、彼女の人生を彼女のものにしていくのです。

しかし、なぜ私たちは自分でコントロールできないことに意識が向いてしまうのでしょうか。

それは、そうした対象に意識を向けてさえいれば、自分の向き合わなければならない課題から目をそらすことができるからです。

「親が〇〇だから」「恋人が××だから」「会社が……」「上司が……」

もちろん、あなたのそうした悩みや不満は事実だと思います。

しかし、親も恋人も会社も上司も、自分ではコントロールすることができません。

それにもかかわらず、コントロールできない対象に目を向けるということは、「自分は自分の力では幸せになれない」という自己暗示をかけ続ける行為なのです。

神よ、変えることのできない事柄については、それをそのまま受け入れる平静さを、変えることのできる事柄については、それを変える勇気を、そして、この2つの違いを見定める智慧を、私にお与えください

（ニーバの祈り）

このニーバの祈りは「自分の人生を生きる」ための秘訣を端的に表現しています。

でも、たとえ「変えることのできる事柄」であっても、それを変えるにはとても勇気がいります。

なぜなら、もしそれで失敗したら「何かのせいにする」ということができないからです。

しかし、だからこそ「**見定める智慧**」が必要なのです。

自分には何ができて何ができないのか、勇気をもって見定めるのです。

そして、「できること」をゆっくりと、小さなものから積み上げていきましょう。

これは必ず、そして確実にあなたの人生を変えてくれる方法だといえます。

なぜなら「できること」である以上、あなたは必ずそれを「できうる」からです。

こうした「できること」を積み上げていくことで、いつの日か、あなたは「ずいぶんたくさんのことができるようになっている自分」に気がつくことになるでしょう。

こうした**プロセス**こそが、「自分の人生を生きる」ということの本質と言えるのです。

STEP3 ポイント

1

「真面目」は他人のための価値観。あなたの人生の目的にはならない。

2

モードチェンジや太い線をひくことで、感情をコントロールしよう。

3

自分の行動だけでなく、自分の感情にも責任を持とう。

STEP3◆チャレンジ

1

あなたが、つい声を荒げたり、怒ったりしてしまう場面とその相手を2つ書きだしてみましょう。

2

次回、1の場面に遭遇したら「妄想へGO!」「屋上へGO!」「モードチェンジ」「太い線を引く」のうちのどれを用いたら、自分の感情をコントロールできるでしょうか。

3

現在でも過去でもかまいません。「会うとケンカばかりしてしまう」という人がいれば、「その人の目的」と「あなたの目的」を書き出し、お互いがぶつかってしまう理由を「目的」という視点から考えてみましょう。

STEP 4

甘えのすすめ

大切な人とぶつかってしまった際のあなたは、「勝負に勝ちたいのか」「幸せになりたいのか」。

あなたの価値観はどちらでしょうか。

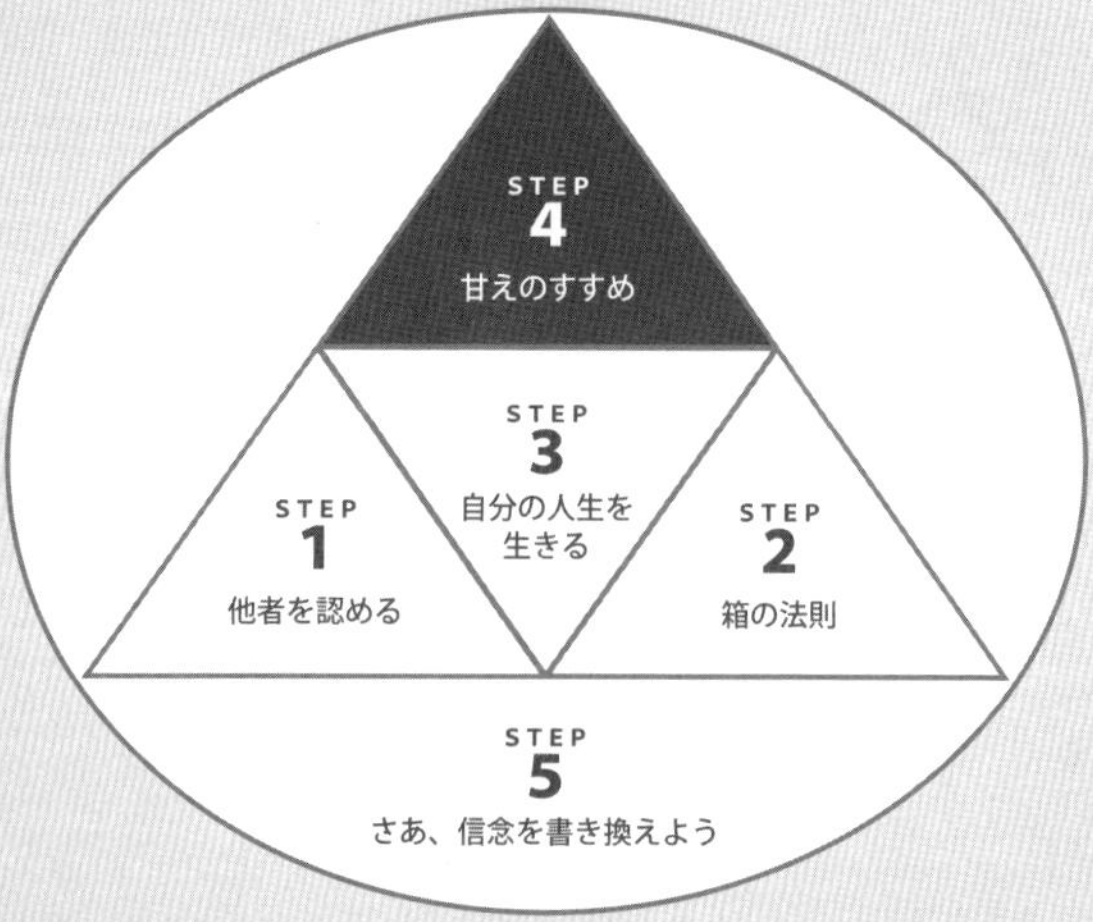

コフートの心理学

「自分の人生を生きる」「マストではなくウォントで」、こう決意したあなたが次に取り組むべきことは何でしょうか。それは「本当の意味で強くなる」ことです。

なぜなら、自分の人生を生きるには、それに伴う結果や責任もすべて自分で引き受けなければならないからです。

では「本当の意味で強くなる」とはどういうことなのか。

ステップ4では精神分析医コフートの唱えた自己心理学を学びます。

コフート心理学の概要は次のようなものです。

人間は誰しも「精神的な自立」などというものを、いつも完璧にできるわけがない。誰だって自分がかわいいし、誰かに頼らず生きていける人などいやしない。自分の自己愛を素直に認め、そのぶん、人の自己愛も認めてあげればいい。そして、他人に上手に依存できるようになることを、人間の成長とみなすべきである。（和田秀樹『自信がなくても幸せになれる心理学』より）

コフートは「一人でも生きていける」、といった強い自分を目指すのではなく、「うまく人に頼ることができる」「誰に頼ればよいのかを見極められる」、そんな自分を目指しましょう、と言っています。

そんなに他人に甘えていいのか、と違和感を覚えた方もいるかもしれません。

しかし、「自分は頼るのが得意」「いざとなったら、みんなが自分を助けてくれる」、こうした信念があってこそ、あなたは安心して、これから「自分の人生」を生きていくことができるのです。

つまり、ここで言う「本当の意味で強い人」とは、「自分は弱い。だからこそ頼れる人をたくさん作ろう」と考え、その方法を学び、実践している人を指すのです。

現在、あなたの頼れる人（サポーター）とは誰でしょうか。そして、どのようにすれば、あなたはそのサポーターの数を増やしていくことができるのでしょうか。

成功者に共通する信念とは

オリンピックの金メダリストしかり、ノーベル賞受賞者しかり、こうした方たちのインタビューを読むと、必ず共通したあるキーワードが出てきます。

それは、「妻（夫）のおかげです」「コーチに恩返しをしたくて」といった、自分を支えてくれたサポーターへの感謝の言葉です。

このことは、自分が強くあるためにはサポーターの存在が欠かせないことを表しています。

加えて本当の意味で強い人とは、自分のウォント（望む結果）が、サポートしてくれた人へもプラスの効果として波及することを願える人なのです。

裏切りの心理学

カルテ9　ヒトミさん（26歳　女性）

「男性を信じることができません」

これまで5人の男性と交際し、いずれも彼の浮気が原因で別れてしまったヒトミさんは、こうした悩みを抱えていました。

彼女は「恋人は欲しいけれども、もう二度と裏切られたくない」という葛藤を抱えていたのです。

ヒトミ　先生、裏切らない男性の見分け方みたいなものって、あるんでしょうか？

山　下　うーん。では、ヒトミさんは自分自身をどの程度「裏切らない人」だと考えているのですか？

ヒトミ　少なくとも、これまで私は誰かを裏切ったり、浮気をしたりしたことはありません。

山　下　そうですか。ではヒトミさんが彼との交際中に、大好きな歌手や芸能人からデートに誘われらどうでしょう？

ヒトミ　行かないですよ。でも、男の人は行くんですよね。だから信じられないんです。

山　下　なるほど。では質問を変えてみます。ヒトミさんはお仕事の方はいかがですか？

ヒトミ　仕事はとてもいい感じです。今の会社は入って5年目ですが、社長も先輩も本当にいい人たちばかりで。いろいろと教わることも多く、本当に感謝しています。

山　下　それは良かったです。では、当面は今の職場に勤める予定なのですか？

ヒトミ　はい。とくに転職とかは考えていませんね。

山　下　では、もし転職をするなら、給与、通勤時間、仕事内容、どの辺りが大切ですか？

ヒトミ　やっぱり給与ですね。あとは今の職場は片道で1時間かかるので、もう少し近いといいです。

山　下　では、給与が上って、距離も近くなれば、転職も悪くないとお考えなのですね。

ヒトミ　まあ、仕事内容にもよりますけど、話くらいは聞いてみたいと思います。

山　下　では、それと、交際中に「大好きな歌手とデートする」のとどこが違うのでしょうか？

ヒトミ　え？　まあ、そう言われたらそうですけど……

信じるとは何か、そして裏切りとは何でしょうか。

ヒトミさんは自分のことを「裏切らない人間」と認識した上で、「自分を裏切らない男性」を探し求めていました。

しかし、これが仕事の話題となると、ヒトミさんは自分の中に「裏切りの種」が存在していることに気がつきました。

つまり、世の中には「裏切る人」と「裏切らない人」がいるのではなく、「裏切られた」という概念を持つ人と、持たない人がいるだけなのです。

先の例で言えば「同じ業種で給与が上がり通勤も楽」という条件を提示されたなら、誰もが転職を検討します。なぜならそこには「検討に値する理由」が存在するからです。

しかし、それを「よくしてやったのに裏切った」と捉える人と、「それなら仕方がない」と捉える人がいるということです。

つまり、どんなにこちら側が「裏切られた」と感じる場面であったとしても、相手側にしてみれば「離れるに値する理由」が存在しただけであり、「裏切る」という意識はないのです。

もちろん、初めから相手に騙す意図があったなら話は別です。しかし、仮にそうしたケースであったとしても、私は「選んだ自分、受け入れた自分にも責任がある」と考えるようにしています。

なぜなら人が騙されてしまうその背景には、いつだって、自分が「楽をしたい」「得をしたい」といった自己本位な願望が存在するからです。

「努力すれば浮気を防げる」という幻想

「信じる」といった概念についても考えてみましょう。

相手を「信じていたのに」と話す方がいますが、ではその方は誰のために信じていたのかというと、それは相手のためではなく、**信じることで安心を得たい自分のため**なのです。**ステップ3**で私は「発言ではなく行動を見る」という話をしましたが、信じたい人はいつだって、相手の「行動」からは目を背け、相手の「発言」を**自分のために**信じようとするのです。

つまり、「信じていたのに」という発言を相手にぶつけることは、自分の願望の責任転嫁であり、「裏切られた」と同様の被害者意識とも言えるのです。

ヒトミ　先生の言いたいことはわかるのですが、聞いているうちに悲しくなってきました。

山　下　そうかもしれません。ただ、ヒトミさんが「裏切られた」と考えてしまう背景には、いつもヒトミさんの「一方的な相手への信用」があったのではありませんか？

ヒトミ　まあ、そうですけど。では先生は誰のことも信用していないのですか？

山　下　そんなことはありません。家族や友達を始め、多くの人を信用しています。しかし「信用」という言葉の意味が、私とヒトミさんでは異なっているのです。

ヒトミ　どういうことですか？　よくわかりません。

山　下　おそらくヒトミさんにとって「信用できる人」とは、「何があろうと自分を裏切らない人」を指すのだと思います。しかし、私にとって「信用できる人」とは、「何か自分に不都合が生じたなら、自分の意志で相手から離れていく人」を指すのです。

ヒトミ 私はさんざんそういう目にあってきたから、男性を信じられないんです。

山　下 では、「オレが何をしてもヒトミはオレの元から離れない」と考えている男性と、「もしオレがなにか不都合なことをしたならば、ヒトミはオレの元から去ってしまう」と考えている男性とでは、どちらを「信じられる相手」と呼ぶのですか？

ヒトミ それは後者の男性です。でも私は、相手の嫌なことをしていないのに裏切られたんです。

山　下 なるほど。「自分は相手に対して完璧だったのにおかしい」と言いたいのですね。

ヒトミ 完璧とは思っていません。でも、私なりに頑張って尽くしました。それなのに……

山　下 嫌な言い方ですいません。ただ、その頑張りは誰のためだったのかを考えて欲しいのです。

ヒトミ もちろん彼のためですよ。私がどれだけ彼に尽くしたか、お話ししましょうか。

山　下 まあまあ。では「付き合う相手にはいつも尽くしてきた」ということですか？

ヒトミ そうです。それなのに、いつも裏切られるんです。

山　下 つまりヒトミさんは、「男は全員、尽くされると嬉しい生き物だ」と考えているわけですね。

ヒトミ え？　違うのですか？

山　下 少なくとも、ヒトミさんの元を離れていった男性は、そうされることを望んでいなかったから離れたのではないでしょうか。

ヒトミ　でも、みんな「嬉しい」とか「ありがとう」って言ってくれましたよ。

山　下　もちろん口ではそう言うと思います。しかし、それが本音かどうかを知るためには……

ヒトミ　「行動を見ろ」ってことですか？

自己肯定感を高める最も大切な信念とは

ヒトミさんは「自分は懸命に尽くしていたのに、誰もが自分を裏切る」と考えていました。

しかし、「信用」や「裏切り」といった言葉の概念を理解すると、ヒトミさんは「毎回の恋愛において相手が欲してはいない行動を繰り返し、その結果、離れていく男性を『裏切り者』と呼んでいた」パターンが見えてくるのです。

どんなに自分が尽くそうとも、それが相手の要望を満たせなければ、いつしか相手は離れてしまうでしょう。

また、ヒトミさんが彼にたくさん尽くしてきた理由が「相手のためではなく、相手の気持ちを手に入れたい自分のため」ということに気がついていなかったことも、彼女の被害的な感情をよりいっそう強めていたと思われます。

もちろん、交際相手が不誠実な人物であった可能性もあるでしょう。しかし、真実がどうであれ、相手を選んだのは紛れもなくヒトミさん自身ですし、交際中に相手の心を掴むチャンスも与えられていたのです。

ヒトミさんの苦しみの根本には2つの問題が関与していました。

1つ目は、「自分は無償の愛を求めながらも、相手には条件つきの愛を与えていた」ということです。

なぜ彼女の愛が条件つきであったと言えるのか。それは先ほども言いましたが、彼女の考える「尽くすこと」の正体が、自分の「愛されたい」といった欲望を「あなたのため」と相手に押しつける、「親のコントロール願望」と同じ形をしていたからです。

こうした彼女の行動は、「こんなにも尽くしているのだから、あなたは私を愛さなければならない」という、きわめて重いメッセージとして相手に届けられ、これは「あなたが愛さないなら私も尽くさない（愛さない）」という「条件つきの愛」が形を変えたものだと言えます。

2つ目は、「この世には無償の愛が存在する」という信念についてです。

私はこれまで「条件つきの愛が自己肯定感を不足させる」と再三、述べてきました。

しかし、結局、世の中の愛はすべて、程度の差こそあれ、「条件つきの愛」なのです。

こうした話をすぐに受け入れることは難しいかもしれません。

しかし、**「自己肯定感を高める」**とは**「世の中の愛は、程度の差こそあれ、すべて条件つきである」「無償の愛とは幻想である」といった信念を育む**ことであり、これこそが「他者を肯定する」ということなのです。

見返りのある母性愛

仕事でもプライベートでも、頼れるサポーターが多ければ多いほど、弱い自分でも強く生きていけるというのがコフートの主張でした。

コフートは「理想的な人間関係の形は相互依存である」と語っています。

これは、簡単に言えば「他人と持ちつ持たれつの関係を目指しましょう」ということです。

そして、そのためには「まずは、**結局、人は自分が一番かわいいと自覚する**ことが欠かせない」と述べています。

「なぜ、そんな当たり前のことを？」と感じた方もいるかもしれません。しかし、人は往々にして自分のための行動を「相手のため」と誤認してしまうのです。

「母性愛だけは違うのでは？」と思われる方もいるかもしれません。しかし、母親が乳児を懸命に世話できるのも、そこに乳児の愛くるしい笑顔があったり、「自分がいなければこの子は生きられない」という自身の存在意義を乳児が与えてくれるからだと言えるのです。

事実、子供が大きくなって「仕事もせず、実家でゲームばかりしている」「親の貯金を使ってギャンブルをしている」など、子供が親の人生の妨げになれば、「出ていきなさい」「あなたはもう、うちの子供ではありません」となるケースは少なからずあるのです。

「自分たちが死んだ後が心配です」と子供を連れてきて話す親はたくさんいます。しかし、彼らが本当に心配しているのは、子供の将来ではなく、自分たちの老後だったりするのです。

そして「結局、人は自分が一番かわいい」ということは「相手だって自分が一番かわいい」ということなのです。

「お客さんを紹介してくれる」「仕事を手伝ってくれる」「面倒なトラブルを解決してくれる」といった人を邪険に扱う人はまずいないでしょう。

つまり、**「サポーターを作る」とは、まずはあなたが「相手に何かしらのメリットを与えられる人になる」ということ**なのです。

コフートはこのメリットを「人間の心理ニーズ」と称し、それには**「鏡対象」「理想化対象」「双子対象」**の3つがあると述べています。以下、順番に説明していきます。

鏡対象

鏡対象とは文字通り、自分自身を映してくれる対象（相手）という意味です。

ただし、普通の鏡では意味がありません。『白雪姫』に出てくる、「鏡よ鏡、世界で一番美しいのはだあれ？」と尋ねれば「それはあなたです」と答えてくれるような鏡です。

つまり、「自分の一番褒めてほしいところ」を褒めてくれたり、「自分では気がついていなかった長所」を教えてくれたりする鏡（相手）のことを指すのです。

しかし、だからといって「お世辞を言いましょう」「とにかく褒めましょう」ということではありません。それでは相手から「ゴマをすっている」と思われ、本人はもちろん、周囲の人からも敬遠されてしまう恐れがあるからです。

たとえば「朝の会議で先輩が部長から叱られた」という場合、あとでこっそり先輩に「今朝の部長ですが、言い方が乱暴だと思います」「そもそも全部が先輩のせいではないのに、おかしいと思います」などと伝えるイメージです。そこで先輩が、「この子は自分の気持ちをわかっている」「こいつが後輩で良かった」などと感じたなら、あなたは「先輩の鏡対象になれた」ということです。

理想化対象

「この人がいればどんな場面も安心」と思える相手が理想化対象です。

職場であれば「仕事を教えてくれる」「クレームが出た際に助けてくれる」、プライベートであれば「恋人との付き合い方を相談できる」「新しい趣味や生き方を教えてくれる」といったイメージです。いわゆる「父親的な存在」と言えるでしょう。

困ったときに助けてくれるのは先輩や上司だけとは限りません。

あなたが部下や後輩の理想化対象となれたなら、「後輩が愚痴を聞いてくれる」「部下が自分のために根回しをしてくれる」といったサポートを受けることができるのです。

ただし、ここで気をつけていただきたいのですが、相手から「すごい」と思われることと、相手の「理想化対象になる」ことは、区別して考えなければなりません。

なぜなら、「自分がお金持ちであること」や「優秀な学歴や経歴であること」を自慢したところで、人はそれについて「すごい」と思うことはあっても、必ずしも「この人のような生き方が理想的」とは思わないからです。

自己肯定感が不足していると、人は誰かに自慢をすることで「自分を好きになろう」（自己重要感を満たそう）とする傾向があります。

この傾向はこと男性に多く見られ、高価な車や時計、華やかな学歴や職業、多くの異性や有名人との交友などをひけらかすのですが、残念ながら「誰からも尊敬されない」「お金目当ての人ばかり集まる」という事態に陥ってしまいます。すると、「尊敬されたい」という想いはさらに強まり、行動もさらにエスカレートしていきます。

コフートはこうしたマイナスのスパイラルに陥る人を「悲劇の人」と呼んでいます。

双子対象

「出身が自分と同じ○○県」「自分と同じ○○大学卒業」「たまたま誕生日が同じ日だった」、人は誰しも、こうした「自分との共通点」が相手の中に見つかるとなんとも言えない親近感が湧くものです。

出身でも趣味でも、境遇でも価値観でも、人は「自分と同じ」「自分と似ている」こうした相手を心理的に求めているのです。こうした相手をコフートは、**双子対象**と呼んでいます。

双子対象を用いてサポーターを作ろうとするならば、趣味のつながりがよいでしょう。

「あの人にサポーターになってもらいたい」という人がいれば、同じ趣味を始めてみる、もしくは趣味のサークルで仲良くなった人に仕事の悩みを聞いてもらう、などはとてもおすすめな方法です。

コフート心理学のポイント

ここまでをまとめてみます。

□ 一人で頑張って生きるのではなく、人にうまく助けてもらいながら生きていこう
□ 人は誰しも自分が一番かわいい
□ 相手だって自分が一番かわいい
□ 相手にメリットを与えられる自分になれれば、相手は自分を助けてくれる
□ そのメリットは心理ニーズと呼ばれ「鏡対象」「理想化対象」「双子対象」からなる
□ これらをうまく組み合わせることで相手と「相互依存」の関係を目指す

あなたが相手の「鏡対象」「理想化対象」「双子対象」となることで、相手はあなたを大切な存在と認識し、あなたのサポーターとなってくれるのです。

「なんだか難しそう」と感じられた方もいるかもしれません。

もちろん練習は必要です。しかし、この練習は日常のあらゆる場面で取り組むことができ、身につけばつくほど、あなたにはたくさんのサポーターが増えていくのです。

あの人の鏡対象となるために

鏡対象について、もう少し説明をしてみます。

鏡対象になるためには「あなたが話したいこと」ではなく、「相手が話したいこと」を探りながら会話を進めることが大切であり、そのためには、徹底した相手への観察が必要です。

女性であれば「髪を切った」「口紅の色を変えた」「少し痩せた」といった際に人から褒められて悪い気がする人はいないと思います。

このように常日頃から相手を観察し「この人は何を大切にしているのか」を探り、想像した上で、積極的に口に出し、相手を褒めるのです。

こうした行動は「おべっか」のように感じるかもしれません。

しかし、実際にやってみればわかりますが、「つねに相手に注目し、想像力を働かせ、試行錯誤の上で相手を褒める」という作業には莫大なエネルギーを要します。

つまり、相手の鏡対象となるためには、本心から相手への興味や関心を持つ必要があり、これは表面的な「おべっか」とは対極の「配慮」や「思いやり」が欠かせない行為なのです。

具体的な例を紹介してみましょう。

最も良くない褒め方は「小学生でも言えるようなこと」を言ってしまうことです。

お金持ちに対して「お金持ちですごいですね」、美人に対して「お綺麗ですね」、高学歴の人に対して「頭がいいんですね」といった具合です。これでは鏡対象ではなくただの鏡にすぎません。では、どうすればよいのかというと、

□ **〇〇さんは、お金持ちをひけらかすファッションをしないところに、センスを感じます**
□ **頭がいいのに、誰とでもくだけた話ができる〇〇さんを尊敬します**
□ **〇〇さんは美人ですけど、もしそうでなくても僕はデートを申し込みました**

といった具合です。ポイントは2つあり、「長所がある。でも……」という形を作ることと、「でも……」の主語を相手ではなく自分にする、ということです。

なぜなら、相手を主語にすると、どうしても「あなたはすごい」「あなたは偉い」と、上から目線で相手を評価している印象を与えかねないからです。

「鏡対象になる」とは相手を言葉で褒めるだけがすべてではありません。

「呼ばれたら走って駆けつける」「元気よく返事をする」「笑顔で自分から挨拶をする」など、

さまざまな方法で、「私はあなたを尊敬しています」といったメッセージを相手に伝えることが可能です。

また、相手に対して「尊敬しています」というメッセージを間接的に伝えるには、

- □ ○○さんは、若い頃にどんな本を読まれましたか？
- □ ○○さんは、いつ頃から今のポジションを目指していたのですか？
- □ ○○さんが習慣として取り組んでいることは何ですか？

と「5W1H」を取り入れながら相手と会話を進める方法もあります。

「美人」と「かわいい」の違いとは

「美人」と「かわいい」、この2つの言葉の違いについて考えたことはあるでしょうか。

「美人系とかわいい系、どっちが好き？」といった質問は、男同士の飲み会において定番ですが、この2つの言葉は「都会人と田舎者」、「インドア派とアウトドア派」といった反対言葉で

はなく、「都会人とインドア派」のように、まったく別の特性であるのです。

つまり、美人でかわいい人もいれば、美人でかわいくない人もいますし、美人ではないけれどかわいい人もいれば、美人でなくかわいくもない人もいるということです。

では「美人」と「かわいい」の違いは何かというと、「美人」とは美形の人を表す言葉であり、これは生まれ持った才能と言えます。

一方「かわいい」は、女性に対してだけでなく、子犬や子猫、赤ちゃん、そして時には男性に対しても使われることから、見た目ではなく行動や態度に対して用いられる言葉なのです。

「犬好きの私にとっては、どんな子犬でもかわいい」と思われる方もいるかもしれませんが、うなり声をあげて咬みついてくる子犬を「かわいい」と感じる方は少ないと思います。

では「かわいい」とは、どんな行動や態度であるのか。それは、あなたが後輩に「奢るから飲みに行こう」「この本はおすすめだよ」などと声をかけた際に、「相手がどんな返事を返したら、相手のことを『かわいい』と思うのか」をイメージすれば、自ずとその答えは見えてくるのです。

つまり「かわいい」とは、自分に対して好意や尊敬、感謝などを示す相手に使う言葉であり、**相手の「鏡対象」になるとは、相手から「かわいい」と思われること**なのです。

そして、これは裏を返せばあなたがどんなに頑張ろうと、相手から「かわいい」と認識されない限り、その相手があなたのサポーターになることはないということです。

「美人」の反対語が「不細工」であることは誰もが知っています。しかし、「かわいい」の反対語が「無礼者」であることは、あまり知られていません。

「人があやしている時に笑いなさい。でないと、やがて人はあやしてくれなくなりますよ」

これもまた有名な西洋のことわざです。

甘えのすすめ

ステップ4はこれで終わりとなりますが、本章のタイトルは「甘えのすすめ」です。

「甘え」という言葉に、あなたはどのようなイメージを持たれるでしょうか。

「甘ったれるな」「あの人はすぐに甘えてくる」など、「甘え」という言葉はネガティブな意味で使われがちです。

しかし、「甘えんぼう」という言葉であったならどうでしょうか。

「彼女が甘えんぼうで困っている」と聞かされたら、誰もが「のろけだ」「羨ましい」と感じます。「うちの子は本当に甘えんぼうで」と話すお母さんの表情も、決まって笑顔です。

つまり、コフートの言う「上手に依存する」とは、「甘えんぼうになる」ということだと思うのです。

では、私たちが目指す「甘えんぼう」とはどのような人物なのか。

それは、自分の人生を生きながらも上手にサポートを求めることができる人であり、たくさんの人から「かわいい」と言ってもらえる人を指すのです。

STEP4 ポイント

1

他人の気持ちを知りたければ、発言ではなく行動を見よう。

2

他人に対して「甘えるな」と思ったときは、あなたの中に潜む「甘えたい」願望に目を向けよう。

STEP4◆チャレンジ

1
あなたにとって大切な人を3人あげ、その人はあなたにとって、「鏡対象」「理想化対象」「双子対象」のどれにあたるのか書いてみましょう。

2
あなたが今「仲良くなりたい」と思う人をあげ、どうすればあなたがその人の「鏡対象」になれるのか、具体的な方法を書き出してみましょう。

3
あなたが苦手な人を一人あげ、「その人だって自分が一番かわいい」と考えてみてください。その上で「あなたがその人にできること」を書いてみましょう。

4
「必要な時に、必要な人に頼ることができる」そんなあなたになるために、今日から始められることは何だと思いますか。1つ書き出してみましょう。

STEP 5

さあ、信念を書き換えよう

ステップ5はステップ1～4のすべてに
影響を及ぼす大切なお話です。
あなたがこれまでの人生で苦しかった
ことを私は十分に理解しています。

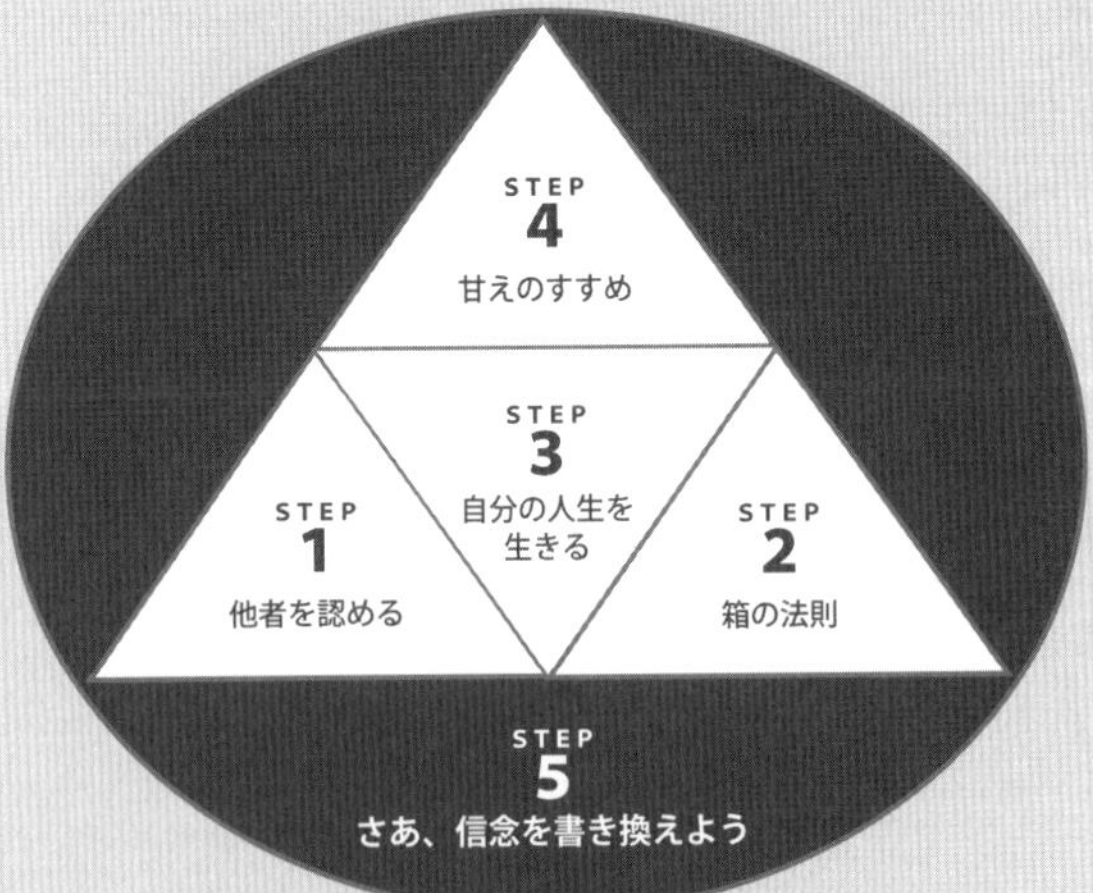

信念の解放を妨げる「4つの罠」

本書のここまでの内容を実践してみて効果を実感していただけたでしょうか。

自身の苦しみの正体を知り、「まずは箱から点数化へ」「セルフレポーター法」「相手の発言ではなく行動を見る」などのスキルが身につくと、多くの方が「以前より気持ちが落ち込まなくなった」「自分ができることに目を向ける習慣がついた」と話してくださいます。

しかし、人生はさまざまな出来事の連続です。

仕事や恋愛、親子間などで何か問題が生じた際に、つい大切な人に暴言を吐いてしまったり、自暴自棄な行動を取ってしまい、**「結局、何も変わっていない」「やっぱり私はダメなんだ」といった思考から、信念の書き換えを諦めてしまう方がいる**のです。

じつはこれこそが、治療の過程で往々にして陥ってしまう落とし穴です。

そんなときは、無理やりでも構いませんので、以前とは違う点を探してみましょう。

すると、「自暴自棄とはいっても、以前とは程度が異なる」「暴言が出てしまうパターンが見えた」など、少しずつでも確実に「成長している自分」に気がつけるはずです。

ステップ5では、人が信念を書き換えていく過程で往々にして陥りがちな**「4つの罠」**とその対処法について説明していきます。

4つの罠　その1　やりたいことがない

1つ目の罠は**「やりたいことがない」**です。

「やりたいこと」＝「相手から愛してもらえそうなこと」という基準で生きてきたあなたは、評価や称賛を受けないであろう事柄には「やりたい」とも「できる」とも考えられなくなってしまう、という話を**ステップ3**でしました。

では、どうすればよいのか、アズサさんのケースを参考に、一緒に考えてみましょう。

カルテ10　アズサさん（31歳　女性）

アズサ　「やりたいことをしましょう」と言われますが、私には「やりたいこと」がありません。

山　下　うーん。仕事でも趣味でも、何でもいいのですが……

アズサ　それが本当にないんですよ。これといった趣味もありませんし、運動も苦手なので。

山　下　では「今の会社で取締役になりませんか？」と聞かれたら、どうでしょうか？

アズサ　それは拒みませんが、係長にもなれない私がなれっこありません。

山　下　「自分の会社を立ち上げる」「ハワイに住んで海辺でヨガをする」「本当に困っている人たちを助ける」などはいかがですか？

アズサ　それはもちろんしたいですけど、私にはそんなことは無理ですよ。

山　下　でも、「やりたいこと」を考える際に、「できるかどうか」は無関係だと思いますよ。

アズサ　そうかもしれませんが、先生の話は非現実的というか、何かが違う気がします。

山　下　では、「取締役になる」「ハワイに住む」であれば、「やりたい」わけですね？

アズサ　それはそうですが、できないことを考えても無駄ですから……。先生は結局、何が言いたいのですか？

山　下　アズサさんにも「やりたいこと」はあるわけです。しかし、それは今のアズサさんにとってあまりにも非現実的で「できっこない」ことだから、「自分にはやりたいことがない」と錯覚されているのだと思うのですが、いかがでしょうか？

アズサ　……たしかにそうかもしれません。先生、私はどうすればいいのでしょうか？

アズサさんは、私とのやりとりで、**「やりたいことがない」のではなく「やりたいことはあるがレベルが高すぎる」**ということに気がつきました。

もちろん、気がついただけでは何も解決しません。

しかし、まずは「自分にはやりたいことがない」という信念を何らかの方法によって書き換えなければ、アズサさんは「自分のやりたいことに取り組む人生」でなく、「他人がして欲しいことに取り組む人生」を続けざるをえないのです。

そしてもう1つの問題は、なぜアズサさんの「やりたいこと」は、非現実的なレベルのものばかりであったのか、ということです。

「取締役であればなりたいが……」「ハワイに住めるなら頑張れるが……」など、せっかく「自分の人生を歩む」と決意したのに、こうした「満塁ホームランのようなものでなければやる気が上がらない」という方は少なくありません。

もちろん、その気持ちはよくわかります。

しかし、**もし人生の「満塁ホームラン」が叶ったとしても、それで手にするのは自己重要感であり、不足した自己肯定感が高まることはありません。**

つまり、結局これも「〜であるならやりたい」「〜であるならしてもよい」という「条件つきの愛」の延長に過ぎないのです。

では、どうすればよいのでしょう。

「メメント・モリ」の力

「メメント・モリ」という言葉をご存じでしょうか。

これは「死を想え」「必ず訪れる死から目をそらしてはいけない」というラテン語の言葉です。

この言葉は「人は死を意識することで初めて、生について深く考えることができる」ことを教えてくれます。


（問）もしあなたが重篤な病を患い、担当の医師から「余命は90日です」と宣告をされたなら「あなたは何を思い、何を行うのか」、本を閉じ、目をつむった状態で想像してください。

想像していただけたでしょうか？

もしまだでしたら、この質問に答えを出すまで、読むのを中断してください。「残された90日間で、何を始めるのか。何はやめるのか。誰に、何を、残そうとするのか」、答えを出してから先に進んでください。

日常において、人は「自分の死」から目をそらしながら生きています。

しかし、死は誰にでも平等に訪れます。そして、「自分の死」について意識せざるをえない場面に直面すると、人は先延ばしにしてきたことや惰性で取り組んでいたことに対しての認識を一瞬にして変えるのです。

たとえば先延ばしにしてきたことであれば、「言うべき人へのお礼や謝罪」「遺品や持ち物の整理」「中断していた作業の完成」といった行為であり、惰性で取り組んでいたことであれば、やめたくてもやめられないと考えていた「飲酒やギャンブル」「惰性的なネットやゲーム」といった行為です。

また「メメント・モリ」を活用した次のような質問によっても、あなたはあなたの心の奥底に眠る「やりたいこと」に気がつくことができるでしょう。

「隕石の衝突によって、地球があと3日後に滅びるなら、どうしますか」

「80歳の誕生日、あなたは何を『やっておけばよかった』と考えるでしょうか」

こうした質問への答えは、あなたにとって「自分の人生」の道しるべとなります。

実際に、私がこうした質問をすると、多くの方がさまざまな夢や希望を語ってくださいます。

「以前からスキューバダイビングにチャレンジしたかった」

「売れなくてもいいので本を書いてみたい」

「大好きなアーティストのライブにたくさん行って、握手もしてもらいたい」

こうした話を「非現実的だ」「自分にはそんな時間もお金もない」と反発する方もいるかもしれません。

しかし、人が生きる理由はいつだって自分にとって大切なものを大切にするためです。

死は誰にでも必ず訪れます。そして、それがいつかは誰にもわかりません。

それゆえ時には、直視する必要もあるのです。

「もし余命5年という宣告を受けたら」と想像したときに出てきた答えが、「スキューバダイビングがやりたい！」であったならば、先延ばしにする理由を考える前に、まずはスキューバダイビングについて「何を揃えればよいのか」「予算はどのくらいかかるのか」などを調べてみましょう。

すると、あなたは必ずや意外な発見をします。「泳げなくても大丈夫」「体験ダイビングであれば、免許がなくても潜ることができる」といった具合です。
このように動き出すことが「あなたの人生」の始めの一歩になるのです。

さあ、信念を書き換えよう①
やりたいことがない
⬅
余命5年と告知されたら何を始めますか？　何をやめますか？

エッセンシャル思考

4つの罠　その2

情報が足りない

春から高校3年生になる男子生徒がいます。大学に行きたいのですが英語の勉強が進んでいません。GW明けには模試が控えているので、彼は次のような行動を始めました。

・塾や予備校の情報を収集する
・本屋へ行き、売れ筋の参考書を買い足す

・ネットで合格体験記を読み込む

彼なりに一生懸命、取り組んでいます。しかし、残念ながら成績は変わらないでしょう。なぜなら彼は「情報収集」という大義名分のもと、英語の勉強を先延ばしにしているからです。そして、情報を集めれば集めるほど、何を選べばよいかわからず、ますます混乱します。

こうしたケースは私たちの周りのあらゆる場面で見受けられます。

恋愛しかり、ダイエットしかり、人は情報の収集にばかり時間を費やし、知識やノウハウのコレクターになる傾向があります。なぜなら、新しい情報を集めようとすることで、「やらなければいけないけれど、できればやりたくないこと」の先延しができるからです。

こうした矛盾を打開するためには、「もし、たった1つのことしか取り組めないとしたら何をする?」という自分への質問が大切になります。

「もし、受験までたった一冊のテキストしか使えないとしたら、どれを選びますか?」と質問されたなら、おそらく多くの受験生は、「手元の単語帳を使って英単語を1000個覚える」「過去問を徹底的に解きなおす」といった現実的な行動を選ぶでしょう。

ここでのポイントは、

「もし、たった1つのことしか取り組めないとしたら?」

と選択肢を絞り込む点にあります。これがエッセンシャル思考です。

また「情報が足りない」と信じる心の奥底には「○○を叶えるには、もっと楽な方法があるはずだ」という信念も潜んでいます。しかし、目標の達成を左右するのは情報量ではなく実行力です。「情報が足りない」という信念を「今の自分が集められる情報は無価値である」という信念に書き換え、まず何に手をつけるか考えましょう。

さあ、信念を書き換えよう②

情報が足りない

⬅

情報が増えれば増えるほど、人は選べなくなる

「動かせるものだけを動かす」再び

4つの罠 その3 ○○がない

３つ目の罠は、**「○○がない」**です。

「メメント・モリ」に取り組むことで「やりたいこと」が見つかったにもかかわらず、新たな行動に踏み出せない人は少なくありません。

では、なぜ行動を起こすことができないのか。

答えはそこに「お金がない」「時間がない」「出会いがない」といった、**「○○がない」という罠**が待ち受けているからです。

カルテ11 カオリさん（29歳　女性）

山　下　カオリさんは「あと5年の命」と言われたら、何をしたいですか？

カオリ　私は子供の頃からオーストラリアに憧れていたので、一度は行きたいです。

山　下　いいですね。ぜひ行きましょう。計画を立ててみてはいかがですか。

カオリ　いえいえ。私の給料では無理ですよ。

山　下　そうですか。オーストラリア旅行って、いくらくらいかかるものなのですか？

カオリ　それはわかりません。調べたこともないですし。

山　下　でも調べるだけならタダですし、調べられてみたらいかがですか？

カオリ　調べたところでどうせガッカリするだけですよ。私は本当にお金がないので。

山　下　うーん。では、もし「余命3か月」の宣告を受けたとしたら、どうしますか？

カオリ　その時は、貯金をはたいてでも行くと思います。でも、今はそんなことはできません。

山　下　では、仮に旅費が「20万円」だったとして、5年計画で行くとしたならば、毎月の積み立てはいくらになるでしょうか？

カオリ　……

信念を変え、行動を変えようとした際に「○○がない」という罠に陥ってしまう方は少なくありません。

しかし、この罠に囚われている限り、人は永遠に自己肯定感を高めることができません。

なぜなら、自分ではコントロールできないものに縛られている限り、人はいつまでたっても行動を起こすことができないからです。

つまり、自分の人生を生きるには、「ないものではなく、あるものに目を向ける」「あるものの中で始めてみる」といった視点や価値観が必要なのです。

たとえば、英会話でも筋トレでも、お金がなければお金をかけずに始めてみる、経験がなければＳＮＳ上で体験談を探す、時間がなければ一日10分でいいから始めてみる、といった具合です。

「お金がないので独立できません」、こうした相談を私はこれまで何度も受けてきました。しかし、その際、「では、いくらあったなら独立は可能なのですか？」と私が尋ねると、誰も明確な金額やその根拠を答えることができません。

そのため「お金がない」という考えに囚われてしまった際には、「では、いくらあったならできるのか」「その金額の明確な根拠は」といった質問を自分にしてみましょう。「時間がない」も同様です。

もちろん、その実感に嘘はないと思います。しかし、どんなに多忙を訴える人でも、大好きな人からデートに誘われたなら、会うための時間を捻出します。なぜなら「時間がない」の本質は優先順位の問題だからです。

一方、「いや、自分には本当にデートの時間すらない」という方であれば、それこそ睡眠時間を削ってでも、現在の環境から脱出する方法を見つけなければ、誰のための人生かわからなくなってしまいます。

カルテ 12　サキさん（37歳　女性）

サキさんは、「メメント・モリ」によって「本を書く」という夢が見つかったものの、「人脈がないので出版ができない」といった悩みを抱えていました。

サキ　私は本を書きたいのですが、出版に関する人脈がなくて困っています。

山下　なるほど。それでサキさんはどんな本を出されたいのですか？

サキ　それがまだ決まってなくて……。いろいろと構想はあるのですが……

山下　では、まず目次や序文を書いてみるのはいかがですか？

サキ　でも、一生懸命書いた作品が出版に繋がらなかったら嫌じゃないですか。

山下　うーん、ではブログを書いてみたり、ＳＮＳで連載してみてはいかがですか？
サキ　それも考えたのですが、何か違うんですよね。やっぱり出版社の人と知り合いたいです。
山下　仮に知り合えたとして、どのようにご自身をアピールするのですか？
サキ　ですから、構想はたくさんあるので、それを話します。

なぜサキさんは頑なに「人脈」にこだわっていたのでしょうか。

ステップ3で、「人は目的に向けて生きている」という話をしました。

では、サキさんの目的は何だったのでしょう。

もちろん、私は「彼女が嘘をついている」と言いたいわけではありません。サキさんは本当に、自分では「本を書きたい」と考えていたはずです。しかし、現実には「目次を作る」「ブログを書いてみる」という提案には抵抗を示しました。

山下　なるほど。では、その構想をまずはまとめてみてはいかがでしょうか。
サキ　なんとなくですが、まとめたものはすでにあります。
山下　そうですか。ところでサキさんは、「本を書きたい」のか、それとも「作家になりたいのか」、と聞かれたなら、何と答えますか？

サキ　さすがに作家になれるとは思っていないので、「本を書きたい」のだと思います。

山下　それなら、やはりブログなどを始められて、アクセス数が伸びれば人脈も広がる気がしますが、やはりそれは「何か違う」感じなのでしょうか？

サキ　……先生、私は本当に自分が本を書きたいのかどうか、わからなくなってきました。

　サキさんは、「本を書きたいのか、作家になりたいのか」という質問により、自身の内面を見つめ直すことになりました。

　しかし、だからといってサキさんのことを、「本は本でも、売れる本が書きたいだけなのですね」とか、「本を書くことで有名になりたいのですね」などと決めつけることは極端です。

　なぜなら「メメント・モリ」では、自身が「まったくやりたいと思わない」ことが答えとして導かれることは少ないからです。

　事実、彼女は構想についてはまとめていました。こうしたことから、やはりサキさんは「本を書きたい」と思ってはいるのです。しかし、一方で「本を書いても、出版されなければ意味がない」という、自身への「条件つきの愛」に囚われて、動けなくなっていたのです。

「出版できなければ（自分は）価値がない」「書いているだけでは（自分は）愛されない」、サキさんはこうした信念から、自分自身を守る必要があったのです。

しかし、その一方で「本を書きたい」といった想いもあり、やむなく「自分がコントロールできないもの」に目を向けて、「本を書きたい自分」と、「書かない自分」とに、落としどころをつけていました。

つまり、2つ目の罠「○○がない」の正体は、厳しい言い方ではありますが、**「やらない自分」への「できない理由の捏造」**です。

そんな時は、「○○がない」を**「○○が足りない」**に変えてみましょう。

「お金がない」を「お金が足りない」、「時間がない」を「時間が足りない」といった具合です。すると、何が起こるのかと言うと、**「では、具体的にどのくらいあれば始めることができるのか」「それを捻出するためには、何をどのくらい我慢すればよいのか」**といった、具体的な行動に繋がっていきます。

理由を捏造している自分に気がつけたなら、その瞬間が動き始めるチャンスです。まずは練習だと思えば大丈夫です。あなたの価値は、あなたの行動の中にのみ存在するのです。

さあ、信念を書き換えよう③

〇〇がないからできない

⬅

今あるもので練習してみる

自信がない人が抱える誤解

4つの罠　その4

自信がない

仕事でも恋愛でも「自信さえあれば」と悩む方は少なくありません。しかし、人は誰しも自信を持って生きています。なぜなら自信とは「自分に対する信念（アイデンティティ）」だからです。「自信がない」と悩むその方も、「自分は自信がない」ということに大きな自信を持っています。

では、具体的に考えてみましょう。

(問) あなたの「自信がない」対象を書き出してみましょう

(例) 早寝早起き、人前で話すこと、部屋の片づけ、など

人は自信(自分に対する信念)をどのようにして身につけるのでしょう。当たり前ですが、「オンギャー」と生まれたその時から「私は朝が弱い」などと信じているわけではありません。言葉を覚え、人と関わり、多くの経験を経て「私は○○が苦手」と信じるようになったのです。つまり、あらゆる自信には「それを信じるに値する証拠」があるのです。

では、その「苦手」を「得意」へと書き換えるにはどうすればよいのか。答えは「得意」と信じるに値する既成事実を先に作ってしまい、自分に信じ込ませてしまえばよいのです。証拠の捏造と言ってもいいでしょう。

これは、「自信さえあれば」と悩む人のとっておきの治療法です。

「○○（自分には自信がないこと）が得意な人の行動や習慣は何か」を自問し、出てきた答えにそった生活を重ねると、自分に対する信念が書き換わるのです。

「朝が弱い」を治したければ、「朝が強い人の習慣は何か」を考え、「自分は朝が強い」と信じられるまで、その習慣を続けましょう。「寝つきがいい人は何があってもスマホを寝室に持ち込まない」「寝室へ行く時間にアラームをかけて夜更かしを防止」といった具合です。

こうした習慣を継続すると、「朝が弱い」という信念は必ず変わっていきます。そして、ふと気づけば「早寝早起き」が定着し、「自分は朝が強い」と信じるようになるのです。しかし、そう信じられるようになった理由は必ずしも「早寝早起き」の実績ではありません。「朝が強い」と信じるに値する習慣を（捏造し）継続したからです。

「人前で話せない」という場合も同様です。まずは「人前が得意な人の言動」を観察して、自分も「得意なふり」をしてみましょう。「誰よりも先に挙手をする」「背筋を伸ばし、ゆっくりとした口調で話す」こうした行動を継続すると、「人前が苦手」という信念は必ず変わります。最初のうちは勇気が必要でしょうが、「得意なふり」を続けるうちに、人前でも自然に話せるようになり、「自分は人前で話すのが得意」と信じられるようになるのです。しかし、そう信じられる理由も実績を積んだからではなく、（信じるために捏造された）行動の継続によるのです。

ウィリアム・ジェームズの「心が変われば行動が変わる。行動が変われば習慣が変わる。習慣が変われば人格が変わる。人格が変われば人生が変わる」という言葉を思い出してください。ここでいう「心」とは信念のことです。信念が変われば、行動も習慣も人格も変わります。信念は人生に強い影響を与えるのです。

自分への信念を書き換えるとは、「自分らしさ」を書き換えるということです。そして、そのためには信じるに値する新たな行動や習慣を選び、それを継続することが鍵になります。

新たな習慣で信念を書き換え、新たな信念がその習慣を強化します。そしてこのスパイラルが回っている心地よい感覚が自己肯定感の正体です。

> **さあ、信念を書き換えよう④**
>
> 自信がない
>
> ⬅
>
> 「自信がある人」が選びそうな行動や習慣を先取りし、自信がつくまで継続する

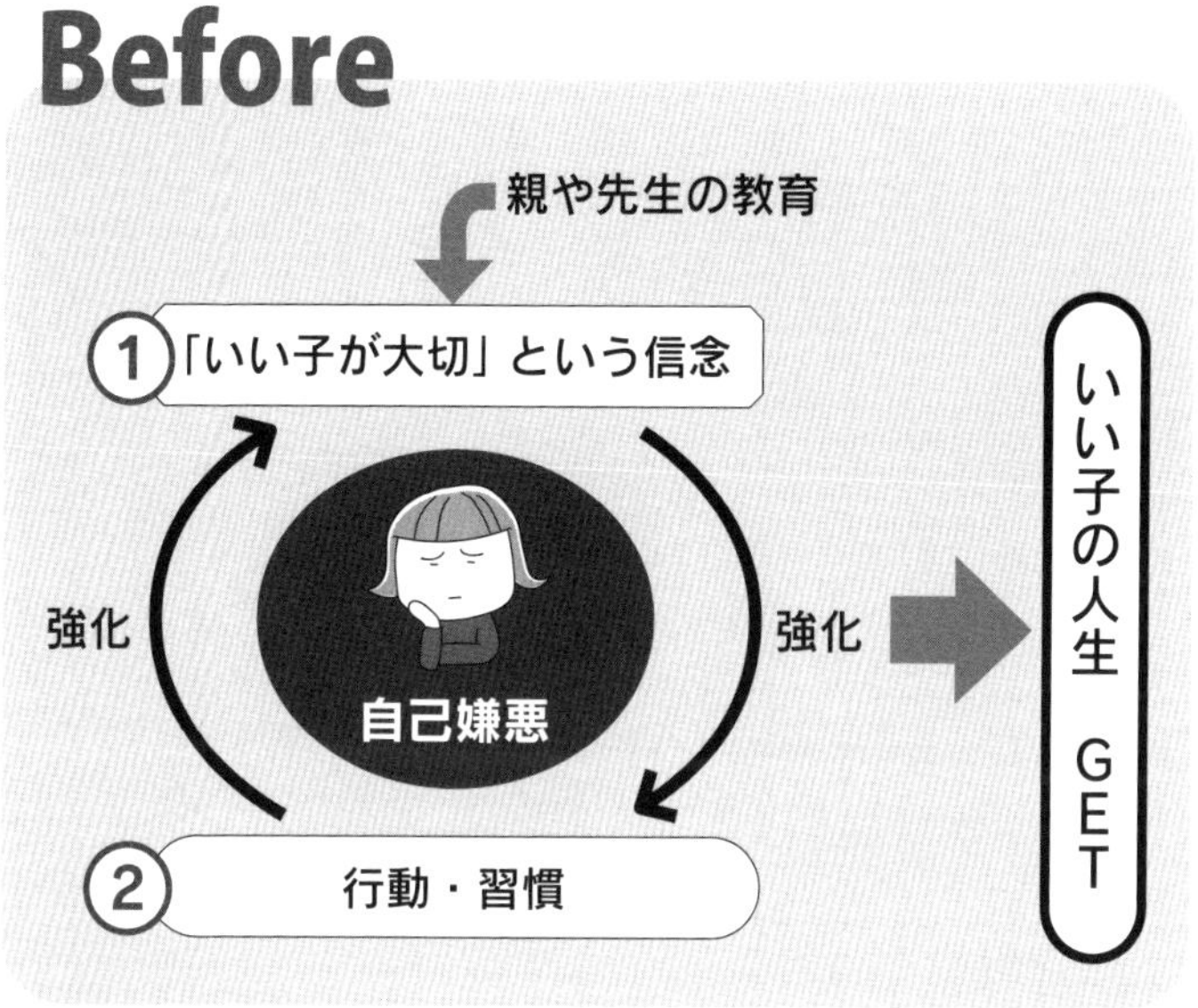
Before
親や先生の教育
1「いい子が大切」という信念
強化
自己嫌悪
強化
2 行動・習慣
いい子の人生　GET

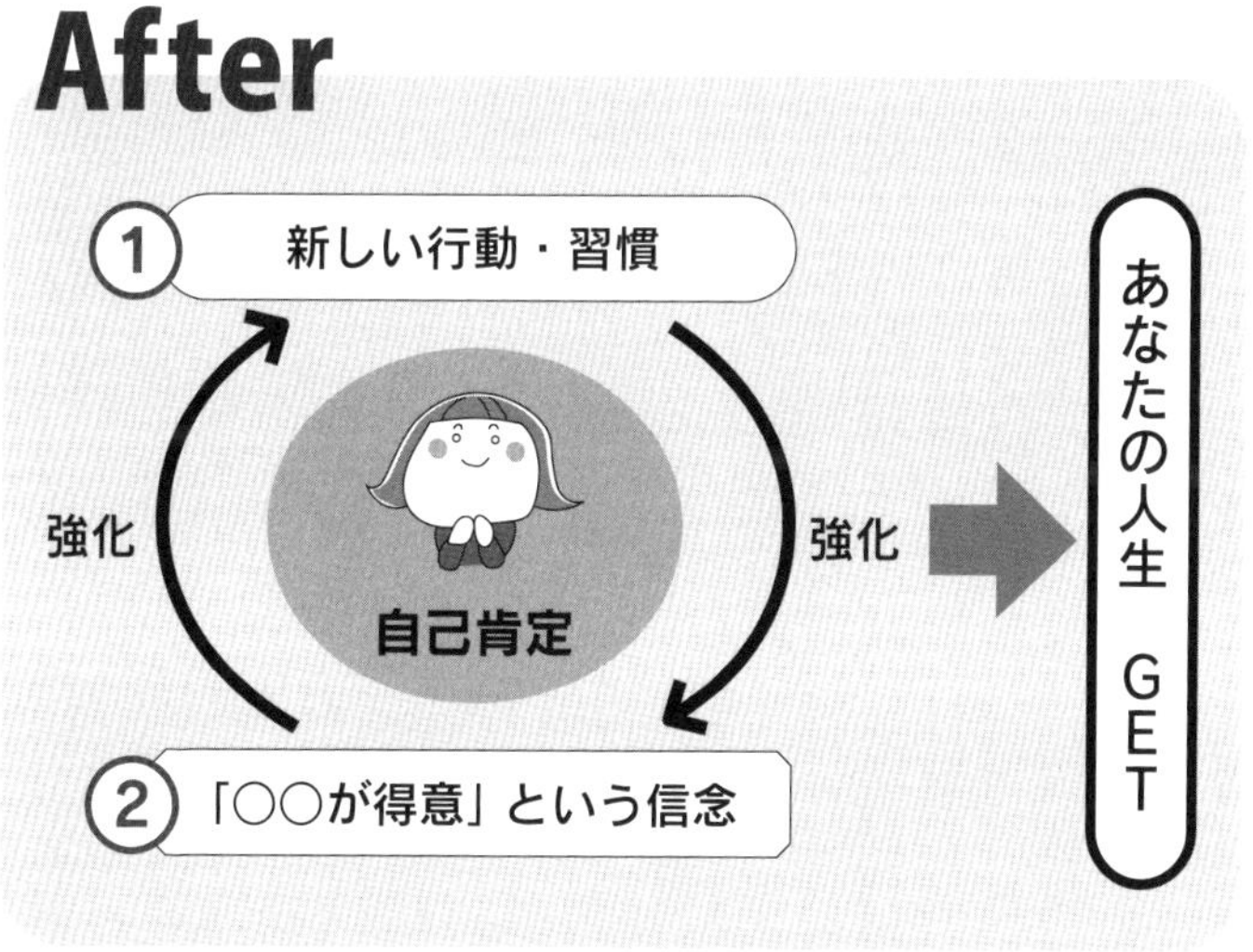
After
1 新しい行動・習慣
強化
自己肯定
強化
2「○○が得意」という信念
あなたの人生　GET

「変わりたくない自分」の正体とは

以上、「4つの罠」とその対処法について説明をしました。

罠その1　やりたいことがない
罠その2　情報が足りない
罠その3　〇〇がない
罠その4　自信がない

私たちはいつでも「変わりたい自分」と「変わりたくない自分」を抱えています。

つまり、何をどんなに学ぼうとも、「変わりたくない自分」への対処ができなければ、始めることも、継続することもできないのです。

ダイエットしかり、英会話しかり、これだけ科学が発達した現代において、なぜ「絶対にうまくいく方法」が開発されていないのか。もちろんその答えは、「変わりたくない自分」が邪魔をしかけてくるからです。「〇〇がない」という理由の捏造は、その最たるものと言えます。

では、そんな「変わりたくない自分」の正体についても説明をしてみます。

私たちは、ダイエットでも英語でも恋愛でも、「○○な自分になりたい」と思ったら、「それが叶ったならどんなに幸せか」と想像を膨らませ、その過程で要する努力にも、それなりに覚悟を持って行動を開始します。

しかし、その際に「もう1つの現実」に対しても意識できていなければ、いつしか「変わりたくない自分」が現れ、元の自分へとひき戻されてしまうのです。

では、その「もう1つの現実」とは何かというと、答えは**「変われた自分に生じるデメリット」**です。

たとえばダイエットなら、スリムな体型を保ち続けるためには、「みんなで飲みに行き、締めはラーメン」や「スナック片手にネットフリックス」などを諦める必要があります。

ジムでトレーニングをするにしても、ジム代や通うための時間を捻出するには、既存の何かを諦める必要が生じます。そして、その「何か」とは、その人にとって最も手放したくない対象であることが多いのです。

恋愛で言えば「美人で仕事もよくできて、友人もそれなりにいる」、それなのに「彼氏ができない」といった悩みを持つ女性に、私はこれまで何人もお会いしてきました。

周囲からは「理想が高いからだ」と言われますが、本人にそうした意識はまったくありません。実際、口にされる条件も「人並み」なものばかりです。

では「なぜそんな彼女たちに彼氏がいないのか」というと、それは「今の生活に満足している自分もいるから」です。

美人と褒められ、職場でも力を発揮し、仲の良い友人もいる。そんな彼女は、頭では「あとは彼氏さえいれば」と考えてはいるものの、心では「彼氏ができることで生じる時間のロスや行動の制限」が不安なのです。

つまり、こうした女性に恋人ができない本当の理由は「男性の理想が高い」からではなく、「生活の理想が高い」可能性があるのです。

もちろん、それが悪いとは言いません。しかし、もし本当に「彼氏が欲しい」のであれば、恋人ができることで差し出す必要のある時間や資源を紙に書き出し「それでも本当に恋人が欲しいのか」を自問自答する必要があるでしょう。

つまり、どんなに理想的な目標であっても、「なれたらなれた」で嬉しい反面、何かしらのデメリットが生じるのです。そのデメリットを、心の奥底ではなんとなく気づいていながらも、意識することができないでいると「なぜか始めることができない」「なぜか始めてもすぐにやめてしまう」といった現象が起きてしまうのです。

前提を疑う

「自己肯定感を高める」という本書のテーマもそろそろ仕上げの段階です。

ここでは**ステップ3**で登場したケンジさんに再び登場していただき、「前提を疑う」というテーマについて考えてみましょう。

ケンジ　先生。それでもやっぱり、挨拶を返さない後輩に腹が立ってしまいます。「セルフレポーター法」や「太い線を引く」など、いろいろとやってはみたのですが……

山　下　そうなんですね。では、「挨拶をしない」という選択については、どうでしたか。

ケンジ　それもやってはみたのですが、やはり挨拶は私の習慣ですし、「あえてしない」という行動も、結局は相手にコントロールされている気がします。

山　下　たしかにケンジさんの「挨拶をしない」行動は、後輩からのコントロールですね（笑）。

ケンジ　茶化さないでください。私は本当にあの後輩がストレスなんです。

山下　まあまあ。ところで一般的に「挨拶」って、何割くらいの方が返してくれるものですか？

ケンジ　一般的には全員が返してくれますから10割です。

山下　でも、その後輩が返してくれないなら、他にもそういう人はいると思いますけど？

ケンジ　そうですね。じゃあ9割5分でしょうか。

山下　はい。私の周りでも、5％くらいの人は返事を返さない印象があります。では、そうした「挨拶を返さない人」に、腹が立つ人と立たない人の違いはどこにあると思いますか？

ケンジ　それがわからないので困っているんです。

山下　では、少し話は変わりますが、ケンジさんは、人身事故などで電車が遅延した際に、腹を立てて駅員さんに詰め寄る人を見て、どのように感じますか？

ケンジ　あー、たまにいますよね。私にはああいう人の行動は理解できません。

山下　でも電車の遅延でなにか不利益が生じたなら、誰でも怒るのではないでしょうか。

ケンジ　だって、電車が遅延したのは駅員さんのせいではないですし、そもそも電車の遅延なんてよくあることじゃないですか。私は、時間に余裕を持たなかったその人が悪いと思います。

山下　はい。私もまったく同じ意見です。でも現実には「怒る人」がいるわけです。なぜでしょうか？

ケンジ　わかりませんが、「電車は遅延しないものだ」とでも思っているんでしょうかね。

山　下　そうですね。おそらく「電車の遅延に怒る人」というのは、理由はさておき、「電車は時間通りに来るはずだ」といった思い込みを持っているのだと思います。

ケンジ　なぜ先生は、突然こんな話をするのですか？

山　下　それはケンジさんが、挨拶に関して何かしらの思い込みを抱えていると感じたからです。

ケンジ　え、思い込みなんてありませんよ。

山　下　電車の遅延に怒っている人も、きっとそう思っているのでしょうね。

ケンジ　つまり、私は「挨拶は必ず返ってくる」という思い込みを持っていると？

山　下　はい。もし私も「電車は遅延してはいけない」「挨拶は必ず返ってくる」と思い込んでいたならば、怒ってしまうと思いますよ。

ケンジ　そうか、そういうことだったんですね。

「前提」という視点を持つことで「なぜケンジさんは挨拶を返さない後輩に対して腹を立てていたのか」がおわかりいただけたと思います。

人はあらゆる物事に対して、「前提」を持っています。

そして、自分の中にある「前提」から外れた事態が起きると、「ありえない」「ふざけるな」などと腹を立てるのです。

「自分の中のどんな前提が自分を不快にしているのか」といった質問で、あなた自身の「怒りの根源」となる信念を見つけていきましょう。

「自分の人生に責任（responsibility）を持つ」とは、「不快な感情が減るように」自身の「前提」を書き換え続ける行為を指すのです。

最後のワーク

（問）「本当はやりたくない」のに我慢してやっていることを書きだしてみましょう。

（例）退屈な会への参加、毎日の掃除や料理、自分の話ばかりする人の相手、などあなたは、なぜそれをやっているのでしょうか。なぜ我慢して続けているのでしょうか。あなたがそれを行う理由は、それをやらないと「不安だから」ではないでしょうか。

（問）もし、それをやめたら、あなたは「どんな人物」と思われるでしょうか。

（例）「酷い人」と思われる、「親やパートナーとして失格」と思われる、など。

あなたがそれをやめられない理由は「やめたら大変なことが起きる」と信じているからです。「嫌われてしまう」「居場所を失う」「何を言われるかわからない」などです。

実際になにが起こるかは、試してみなければわかりません。しかし、他人からの「いい子」を大切にする態度は、自分の気持ちに対する嘘なのです。そして、その嘘が増えれば増えるほど、あなたは嘘を重ねた自分のことを嫌いになってしまいます。

（問）「本当はやりたい」のに我慢してやっていないことを書き出してみましょう。

（例）憧れのアクセサリーを買う、興味がある習い事を始める、など。

あなたは、なぜそれをやらないのでしょうか。なぜ躊躇してしまうのでしょうか。あなたがそれをやらない理由は、それをやることが「不安だから」ではないでしょうか。

（問）もし、それをやったら、あなたは「どんな人物」と思われるでしょうか。

（例）「目立ちたがり屋」と思われる、「いい年して恥ずかしい」と思われる、など

あなたがそれをやらない理由は「やったら大変なことが起きる」と信じているからです。「やると妬まれてしまうかもしれない」「やると恥をかくかもしれない」。
もちろん、結果は実際にやってみなければわかりません。しかし、「あなたが大切にしているもの」を大切にしようとする態度は、自分の気持ちへの肯定です。そして、その肯定が増えれば増えるほど、あなたはそんな自分を好きになれるのです。

「不安だから変われない」。もちろんその気持ちはわかります。しかし、生きづらさの正体が子供時代からの「いい子」であるなら、変われない理由ではなく変われる方法を考えましょう。「やめたいことをやめる」「やりたいことをやる」、そこに求められるのは、努力や我慢ではありません。**「自分が大切にしているものを、他のいかなるものよりも大切にしていい」という自分自身への許可**なのです。

STEP5 ポイント

1

やりたいことがわからないときは、「もし残り少ない命なら」と考えてみよう。

2

「ないもの」に目を向けて「できない」と悩むのではなく、「あるもの」に目を向けて「できること」から始めよう。

STEP5◆チャレンジ

1 あなたが過去「最も頑張ったこと」を思い出し、その際に用いた「あるもの」は何だったか、2つ書いてみましょう。

2 「自己肯定感が高ければ高いほど自己重要感も満たしやすくなる」のですが、なぜだと思いますか？

おわりに

最後までお読みいただきありがとうございました。

本書では、**あなたの生きづらさの正体が「自己肯定感の不足」にあること、そしてその自己肯定感を高めるためには「あなたの信念を書き換える」必要があることを説明し、そのための方法を5つのステップ**に分けて紹介しました。

コツは何度でも読み返すこと

本書は繰り返し読んで実践していただくことで信念の書き換えが進むよう作られています。読み終えた後はそのまま本棚にしまうのではなく、もう一度**ステップ1**から読み返してみてください。必ず新たな発見に出会えるはずです。

日々の生活において行き詰まってしまったときも本書はあなたの助けになるはずです。常に手元に置いておき、必要と思われるステップを実践してみてください。

あなたはいつだって最良の選択をしてきた

あなたはこれまでの人生のどの段階においても、その時点では最良と判断した行動を選んできたのです。

「それは違う。あの失敗さえなければ」と自分を責めてしまう過去があるかもしれません。

しかし、それは誤解なのです。

思い出してみてください。あなたはその時その時で、持っていた知識と経験のもと、ベストと思われる判断をしてきたのです。

過去の自分を受け入れてあげましょう。そして、「なぜ、あのときあんな選択をしてしまったのか」と自分を責めるのは、そろそろ終わりにするのです。

「過去は変えられない」、これは多くの人が抱えている信念です。

たしかに、「恋人からフラれた」「試験で不合格だった」「大切な人と喧嘩をしてしまった」、こうした事実そのものを変えることはできません。

しかし、過去に起きた出来事に対する「良い、悪い」といった解釈を変えることは可能であり、その方法はただ1つ、あなたが**「自己肯定感を回復して幸せになること」**です。

❗過去の解釈を決めるのはあなたの未来

「thanks to」という英語をご存知でしょうか。この熟語には2つの日本語訳があります。1つは「〜のせいで」、もう1つは「〜のおかげで」です。

たとえば「thanks to broken heart」の日本語訳は、「失恋のせいで」と「失恋のおかげで」の2通りになるのです。では、この2つの訳はどのように使い分けられるのかというと、答えは「今が幸せか否か」で決まるのです。

Thanks to broken heart, she threw up her job.

失恋のせいで、彼女は仕事を投げ出した。

Thanks to broken heart, she started her own business.

失恋のおかげで、彼女は起業に踏み出した。

過去の出来事に対して「あれさえなければ」「あれさえしておけば」と考えてしまうことがあるかもしれません。

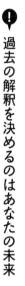

しかし、繰り返しになりますが、それは事実ではなく、あなたの解釈です。

つまり、「thanks to」にある通り、あなたが将来「毎日が楽しい」という状態になったなら、「あれさえなければ」という思いは、自然と「あれのおかげで（今がある）」といった記憶へと変わっていくのです。

まずはいったん、あなたの過去に対しても「太い線」を引きましょう。

そして、「できること」を見定める場所と時間を確保しましょう。

もう一度ステップ1へ

花粉を集めるミツバチを見て「くだらない」と思う人はいないでしょうし、電線に留まるスズメを見て「生きている意味がない」と見下す人もいないと思います。

しかし、その対象が人となると、なぜか批判したり、評価してしまうのです。

あらゆる人は、ミツバチやスズメと同様、持って生まれた才能や環境のもと、全力で生きています。

つまりミツバチやスズメを肯定できるのであれば、あらゆる人を肯定できるはずなのです。

そして、こうした価値観はあなた自身を肯定することにも繋がっていくのです。

「他者を肯定することで、自分の過去を肯定できる」、これは**ステップ1**の教えですが、自分を変えるためには、まずは自分の中にある他者への見方を変える必要があります。

本書を繰り返し読むことで、あなたの自己肯定感が高まり、過去や現在の苦しみが、いつの日か必ず「あの経験のおかげで」となることを信じています。

最後になりますが、本書を執筆するにあたってたくさんの助言と励ましをくださった編集担当の外山千尋さんには本当にお世話になりました。また、とてもかわいいイラストを描いてくださった高嶋良枝さんにも心から感謝を申しあげます。

そしていつも私を支えてくれている家族とライフサポートクリニックのスタッフにも、この場を借りてお礼を述べたいと思います。

２０２３年６月

山下　悠毅

参考文献

『7つの習慣』Ｓ・Ｒ・コヴィー、キングベアー出版
『自己肯定感、持っていますか？』水島広子、大和出版
『性格は変えられる（アドラー心理学を語る1）』野田俊作、創元社
『援助者必携　はじめての精神科　第3版』春日武彦、医学書院
『やりたいことを次々と実現する人の心理術』ゆうきゆう、キノブックス
『ラブホの上野さんの恋愛相談』1・2、上野、ＫＡＤＯＫＡＷＡ／エンターブレイン
『共感と自己愛の心理臨床　コフート理論から現代自己心理学まで』安村直己、創元社
『自分を傷つけずにはいられない　自傷から回復するためのヒント』松本俊彦、講談社
『自己愛と境界例　発達理論に基づく統合的アプローチ』Ｊ・Ｆ・マスターソン、星和書店
『それでも人生にイエスと言う』Ｖ・Ｅ・フランクル、春秋社
『なぜあなたは「愛してくれない人」を好きになるのか』二村ヒトシ、イースト・プレス
『人生を変える！「心のブレーキ」の外し方』石井裕之、フォレスト出版

『ダメな自分を救う本』石井裕之、祥伝社
『未来記憶』池田貴将、サンマーク出版
『逆襲のビジネス教室』池田貴将、サンクチュアリ出版
『エッセンシャル思考』グレッグ・マキューン、かんき出版
『コフート心理学入門』和田秀樹、青春新書
『嫌なこと全部やめたらすごかった』小田桐あさぎ、WAVE出版
『メンタルマネジメント大全』ジュリー・スミス、河出書房新社
『親を憎むのをやめる方法』益田裕介、KADOKAWA
『複利で伸びる1つの習慣』ジェームズ・クリアー、パンローリング株式会社
『心屋仁之助の「ありのままの自分」に○をつけよう』心屋仁之助、王様文庫

＊なお、本書に掲載したケースは、著者が臨床の現場での経験をもとに創作したものです。

著 者　山下 悠毅　やました・ゆうき

1977年生まれ　帝京大学医学部卒業
ライフサポートクリニック院長
精神科専門医　精神保健指定医

令和1年12月、ライフサポートクリニック（東京都豊島区）を開設。

「お薬だけに頼らない精神科医療」をモットーに、専門医による集団カウンセリングや極真空手を用いた運動療法などを実施している。

大学時代より始めた極真空手では全日本選手権に7回出場。2007年に開催された北米選手権では日本代表として出場し優勝。

ブログ：プラセボのレシピ

いい子をやめれば幸せになれる〈新版〉

2018（平成30）年6月30日　初版1刷発行
2023（令和5）年8月15日　新版1刷発行

著 者　山下　悠毅
発行者　鯉渕　友南
発行所　株式会社 弘 文 堂　101-0062 東京都千代田区神田駿河台1の7
TEL 03(3294)4801　振 替 00120-6-53909
https://www.koubundou.co.jp

デザイン・イラスト　高嶋　良枝
印 刷　三報社印刷
製 本　井上製本所

ISBN978-4-335-65194-6